S Láskou, Amma

Rozhovory se

Šrí Máta Amritánandamají

Mata Amritanandamayi Center, San Ramon
Kalifornie, Spojené státy americké

S Láskou, Amma

Rozhovory se Šrí Máta Amritánandamají

Přeložil a sepsal do anglického jazyka:
Swami Amritaswarupananda Puri

Vydal:
Mata Amritanandamayi Center
P.O. Box 613
San Ramon, CA 94583
Spojené státy americké

—————————— *From Amma's Heart (Czech)* ——————

První vydání: duben 2020

V České republice:
cz.amma.org
czech@amma.org
facebook.com/amma.cz

V Indii:
www.amritapuri.org
inform@amritapuri.org

*Tato kniha je věnována lotosovým
nohám milované Ammy,
zdroje veškeré krásy a lásky.*

Obsah

Předmluva   9
Smysl života   13
Buďte trpěliví, neboť jste pacient   17
Skutečný význam dharmy   20
Láska a láska   23
Vědomí a pozornost   24
Vědomí stále je   26
Žádná prohlášení?   29
Proč je na duchovní cestě důležitý učitel   30
Léčivý dotyk   32
Bolest a smrt   34
Současný stav společnosti   36
Zkratka k osvobození   38
Duchovní pokrok   39
Mysl osvícené duše   41
Vzdálenost mezi Ammou a námi   44
Amma a její metody   46
Žádná nová pravda   49
Pravda   50
Duchovní poučení v jedné větě   52
Nutnost mít denní rozvrh   56
Vlastní úsilí   57
Milost   59
Sanjása: Mimo veškeré kategorie   61
Boží hra uprostřed mraků   63
Soucit a soucítění   65
Skutečná láska je stav naprosté nebojácnosti   68
Přikázání   69
Amma: obětování se světu   71

Mistrova podoba	73
Dokonalí žáci	74
Védanta a stvoření	76
„Jste šťastní?"	81
Velký příklad	82
Vztahy	83
Co dělá skutečný mistr?	88
Činnost osvíceného člověka	90
Objetí probouzí	92
Jak proměnit svět v Boha	93
Síla slov Ammy	94
Vědci a svatí	97
Jak se vymanit ze zajetí myšlenek?	98
Násilí, válka a řešení	100
Kristus a křesťanství	104
Uvedení do mantry	106
Pomýlení hledající a cesta ven	108
Skuteční duchovní mistři pomáhají dokončit Cestu	110
Nevinný dárek	111
Horká linka k Bohu	112
Jako řeka, která plyne..	113
Mantry a zvuky Véd	114
Něco chybí	116
Svět a Bůh	118
Nekonečná trpělivost	123
Nepodmíněná láska a soucítění	128
Nejsnazší Cesta	129
Osvícení, odevzdání a život v přítomnosti	130
Džapa mala a mobilní telefon	132
Žijící upanišáda	133
Mája	138

Ateisté 139
Mír 141
Největší lekce života 145
Umění a hudba 147
Zdroj lásky 149
Proč objímáte? 150
Každá chvíle je lekcí k nezaplacení 151
Rozumět osvícené bytosti 153
Amma, nevyčerpatelná energie 155
Návrat ztraceného syna 157
Násilí 159
Problémem je nevědomost 161
Definice skromnosti 163
Jsme výjimeční? 164
Osobní Rozvoj nebo osobní rozvoj? 165
Ego je jen malý plamen 168
Zprávy 170
Čokoládový bonbon a třetí oko 171
Povaha osvícení 173
Pozorovatel 175
Nevinnost je Boží energie 178
Amma nemůže být jiná 179
Jako když uvidíte svou vyvolenou 180
Pocit oddělenosti 181
Bůh je žena či muž? 183
Spiritualita vytváří rovnováhu 185
Připoutanost a láska 186
Jak překonat životní nebezpečí 188
Nehromaďte Boží majetek 192
Amma a příroda 194
Sanjása, vrchol lidské existence 198

Je jen jedna Dharma 202
Jednotná činnost jako Dharma 205
Oddanost a pozornost 206
Pomoc žákovi otevřít zavřené srdce 207
Význam vděčnosti 209
Síla za tělem 210
Zrození a smrt, dvě zásadní zkušenosti 212
Soucítění s druhými 213
Lůno lásky 216
Jsou duchovní lidé zvláštní? 217
Jen chvilkové zastavení 219
Co slyší mysl 221
Láska a nebojácnost 222
Proč existují války? 225
Čím ti můžeme udělat radost? 227
Skutečný problém 228
Se světem není nic špatně 229
Proč začít s duchovní Cestou? 230
Kontrola duchovní energie 231
Stížnost a soucit malého dítěte 232
Probudit spícího žáka 234
Mistr a poslušnost 236
Horizont je zde 237
Víra a růženec 239
Láska a odevzdání 241
Pozornost a bdělost 242
Víra vše zjednodušuje 243
Koncentrace na Cíl 244
Činnost a překážky 245
Jak zvýšit rozlišování 246
Poslední krok 247

Nejšťastnější chvíle v mém životě 248
Největší dar, jaký Amma může dát 250
Láska vše oživuje 251
Velká lekce v odpuštění 254
Daršan 258
Nemyslím, ale věřím 260

Aum Amriteswaryai Namah

Předmluva

Bez slovní komunikace by lidská existence byla zoufalá. Sdílení myšlenek a pocitů je nedílnou součástí života. Nicméně pouze ticho, které získáme skrze meditaci a modlitbu, nám skutečně pomáhá nalézt klid a pravé štěstí v tomto rušném světě protikladů a soupeření.

Být tichým je v běžném každodenním životě, kdy lidé musí vzájemně reagovat a komunikovat v nesčetných situacích, obtížné. A i když tomu naše okolí napomáhá, zůstat tichým není snadné. Běžní lidé mohou z ticha i zešílet. Blažené ticho je však pravou přirozeností svatých bytostí, jako je Amma.

Když pozoruji, jak Amma řeší rozličné situace a jedná s různými lidmi z celého světa, pouze vidím dokonalost, s nimiž mění své role. V jednom okamžiku je Amma nejvyšším duchovním mistrem a v dalším matkou plnou soucítění. Někdy na sebe vezme roli dítěte, jindy roli manažera. Po poskytnutí doporučení pro přítomné CEO, špičkové vědce a světové vůdčí osobnosti, se jednoduše odebere do daršanové haly, kde přijímá a utěšuje tisíce svých dětí nezávisle na jejich společenském postavení. Amma de facto tráví celý svůj den – a většinu noci – tím, že pomáhá svým dětem, naslouchá jim, otírá jejich slzy a pomáhá jim získat víru, sebevědomí a sílu. Při veškeré této činnosti vždy zůstává ve svém přirozeném stavu ticha. Nikdy se neunaví. Nikdy si nestěžuje. Její obličej vždy září úsměvem. Amma, neobyčejná bytost v obyčejné podobě, věnuje každý okamžik svého života druhým.

Co je tím, čím se Amma od nás liší? Jaké ukrývá tajemství? Odkud pochází její nekonečná energie a síla? Přítomnost Ammy dává jasnou až hmatatelnou odpověď na tyto otázky a její slova to potvrzují: „Krása vašich slov, půvab vašich činů a kouzlo vašich pohybů - vše závisí na množství ticha, které v sobě vytvoříte. Lidé mají schopnost vstupovat do tohoto ticha čím dál hlouběji. Čím hlouběji se dostanete, tím více se přiblížíte Nekonečnému." Toto hluboké ticho je Pravou Podstatou existence Ammy. Nepodmíněná láska, neuvěřitelná trpělivost, výjimečný půvab a čistota - vše, co Amma ztělesňuje, je rozšířením nesmírného ticha, v němž přebývá.

Byla doba, kdy Amma nehovořila tak, jako dnes. Jednou, když se jí na to někdo zeptal, odvětila: „I kdyby Amma promluvila, stejně byste ničemu neporozuměli." Proč? Protože s naší nevědomostí nedokážeme pochopit nejvyšší a nejjemnější zkušenost, ve které Amma přebývá. Proč tedy Amma mluví? Nejlépe to vysvětlíme jejími vlastními slovy: „Pokud by ti, kdo hledají Pravdu, neměli nikoho, kdo by je vedl, možná by cestu opustili s představou, že žádný stav osvícení neexistuje."

Osvícené bytosti jako Amma by ve skutečnosti raději setrvávaly v tichu než aby mluvily o skutečnosti za tímto objektivním světem. Amma velice dobře ví, že Pravda, dáme-li ji do slov, je nevyhnutelně zkreslena a že naše omezená, nevědomá mysl ji bude nesprávně interpretovat tak, aby co nejméně narušila naše ego. I tak toto soucítění v lidské podobě k nám promlouvá, odpovídá na naše otázky a ničí pochybnosti, přestože jasně ví, že naše mysl vytvoří jen více a více matoucích otázek. Je to Ammy trpělivost a čistá láska k lidem, která ji nutí odpovídat na naše nevědomé dotazy. Nepřestane, dokud toto blažené ticho nenastane i v našich myslích.

V rozhovorech uvedených v této knize, Amma, mistr mistrů, sestupuje na mentální úroveň svých dětí a pomáhá nám získat letmý záblesk neměnné skutečnosti, která slouží jako Podstata měnícího se světa.

Tyto perly moudrosti sbírám již od roku 1999. Takřka veškeré zde uvedené rozhovory a jedinečné situace byly napsány v době, kdy Amma pobývala na svých turné na Západě. Když jsem během daršanu seděl vedle ní, snažil jsem se naslouchat sladkým, božím melodiím jejího srdce, které je Amma vždy ochotna sdílet. Zachytit čistotu, jednoduchost a hloubku jejích slov není snadné. Je to dozajista mimo mé schopnosti. Nicméně pouhou zásluhou nekonečného soucítění, kterým Amma oplývá, jsem byl schopen tato svatá slova zachytit a zde reprodukovat.

Jako samotná Amma, tak i její slova mají hlubší rozměr než ten, který nám bezprostředně vyvstane na mysli – jedná se o nekonečný aspekt, který běžná lidská mysl nedokáže pochopit. Musím přiznat vlastní neschopnost zcela porozumět a ocenit hlubší význam těchto slov. Naše mysl, která se pohybuje v triviálním světě objektů, nedokáže chápat onen nejvyšší stav vědomí, ze kterého Amma promlouvá. Tím chci říci, že mám silný pocit, že zde uvedená slova jsou velmi vzácná a po jisté stránce odlišná od těch, která nalézáme v předešlých knihách.

Mým nejupřímnějším přáním bylo tyto nádherné neformální rozhovory vybrat a předložit čtenářům. Sesbírat je mi trvalo čtyři roky. Uvnitř nich je obsažen celý vesmír. Uvedená slova pochází z hlubokého porozumění Ammy. Tedy přímo pod jejich povrchem se nachází ono blažené ticho – Skutečná Podstata Ammy. Pročítejte je s hloubkou. Kontemplujte a meditujte nad jejich hloubku a slova vyjeví svůj vnitřní význam.

Milí čtenáři, jsem si jist, že obsah této knihy obohatí a podpoří vaši duchovní touhu tím, že vyjasní pochybnosti a očistí vaši mysl.

Swami Amritaswarupananda Puri
15. září 2003

Bůh: výraz, používající se na Západě nejčastěji k označení nehybného principu/podstaty, který proniká celým vesmírem. V tradici, kde vyrůstala Amma, se za manifestaci uvedeného principu považuje vše na tomto světě. Tato podstata je charakterizována jako blažená, vše prostupující, věčná, všemocná; naše vlastní přirozenost. Světová náboženství používají k popisu této síly různá slova; Alláh, Brahma, Bůh. Jiné termíny jsou Podstata, Vědomí či Átmán.

Smysl života

Tazatel: Ammo, jaký je smysl života?

Amma: Přijde na to, jaké máme priority a jak vnímáme život.

Tazatel: Já myslím, jaký je „ten skutečný" smysl života?

Amma: Skutečným smyslem života je poznat to, co existuje za naší fyzickou existencí.

Každý z nás se dívá na život jiným způsobem. Většina lidí vnímá život jako boj o přežití a věří v teorii „silnější přežije". Jsou spokojeni s normálním způsobem života – koupit si dům, najít dobré místo, pořídit auto, oženit se a mít děti. Jedná se o důležité věci a my je musíme brát vážně, abychom mohli dobře plnit naše povinnosti a závazky. Život ale obsahuje i něco víc, má vyšší smysl. Tímto smyslem je poznat, kým ve skutečnosti jsme.

Tazatel: Ammo, a co získáme, když poznáme, kým jsme?

Amma: Vše. Pocit naprosté úplnosti a poznání, že neexistuje absolutně nic víc, co bychom mohli v životě získat. Díky tomuto uvědomění se život stává dokonalým.

Bez ohledu na vše, co jsme získali nebo o co se snažíme, většina lidí má pocit, že jim stále něco chybí – jako když si představíte písmeno „C". Ona mezera nebo prázdno, tam vždy bude. Zaplnit ji lze pouze duchovní moudrostí a poznáním naší Podstaty (*Átmán*), která spojí oba konce a z písmena „C" vytvoří „O". Jedině takovým poznáním se ocitneme pevně zakotveni ve skutečném středu života.

Tazatel: Ammo, jak je to potom s našimi světskými povinnostmi, které musíme plnit?

Amma: Bez ohledu na to, kdo jsme a co děláme, světské povinnosti by nám měly pomáhat dosáhnout nejvyšší dharmy, což není nic jiného než jednota s univerzálním bytím. Veškeré živé bytosti jsou jedním, protože život je jedním a jako takový má pouze jediný smysl. Na základě identifikace s tělem a myslí, bychom si mohli myslet, „hledat svou Podstatu a dosáhnout osvobození není moje dharma; má dharma je pracovat jako hudebník, herec nebo obchodník." Pokud to tak cítíme, vše je v pořádku. Dokud však nenasměrujeme naši energii k nejvyššímu smyslu života, nenalezneme skutečné naplnění.

Tazatel: Ammo, říkáš, že osvobození je smyslem života každého člověka, ale vůbec to tak nevypadá. Většina lidí osvobození nedosáhne a ani se o to nijak nesnaží.

Amma: To proto, že většina lidí nemá žádné duchovní porozumění. To je to, čemu se říká *mája* čili síla iluze, která překrývá pravdu a oddaluje od ní živé bytosti.

Ať jsme si toho vědomi či nikoli, skutečným smyslem života je poznat Božství v nás. Existuje množství věcí, které nejsme schopni v našem současném mentálním rozpoložení vnímat. Bylo by však dětinské tvrdit, že neexistují, protože já si jich nejsem vědom. Spolu s novými životními zkušenostmi a situacemi se nám otevřou nové dimenze, které nás budou přibližovat k naší skutečné Podstatě. Je to jen otázka času. Někdo již tuto skutečnost poznal. Někdo ji může poznat každou chvíli a jiní ji poznají později. Neměli bychom si myslet, že to, že se tak ještě nestalo nebo nestane v tomto životě, znamená, že ji nepoznáme nikdy.

Uvnitř vás existuje nesmírná moudrost, která jen čeká na povolení, aby se mohla projevit. Vy to však musíte dovolit.

Tazatel: Kdo to má dovolit? Mysl?

Amma: Celá vaše bytost – mysl, tělo a intelekt.

Tazatel: Je to otázka porozumění?

Amma: Je to otázka porozumění a dělání.

Tazatel: Jak získat ono poznání?

Amma: Pěstováním pokory.

Tazatel: Co je na pokoře tak úžasného?

Amma: Pokora nás učí přijímat veškeré zkušenosti, aniž bychom je posuzovali. Tím pádem se naučíme víc.

Není to otázka jen intelektuálního pochopení. Na světě existuje množství lidí, kteří mají plnou hlavu nejrůznějších duchovních informací. Kolik z nich se ale upřímně snaží dosáhnout osvobození nebo alespoň hlubšího poznání duchovních principů? Velmi málo, je to tak?

Tazatel: Ammo, jaký je tedy ve skutečnosti problém? Nedostatek víry nebo neochota rezignovat na náš intelekt?

Amma: Pokud máte skutečnou víru, pak automaticky sestoupíte do srdce.

Tazatel: Je to tedy nedostatek víry?

Amma: Co myslíte?

Tazatel: Ano, nedostatek víry. Proč tomu ale říkáš „sestoupit do srdce"?

Amma: Z fyzického hlediska představuje hlava nejvyšší část těla. Abychom se dostali do srdce, musíme sestoupit. Z hlediska spirituality znamená však tento pád vzestup, jenž nás vynese vzhůru.

Buďte trpěliví, neboť jste pacient

Tazatel: Ammo, jak můžeme získat skutečnou pomoc od dokonalého duchovního mistra?

Amma: Aby nám mistr mohl pomoci, nejprve musíme pochopit, že jsme pacientem a poté být trpěliví.

Tazatel: Ammo, ty jsi tedy de facto lékař?

Amma: Žádný opravdový lékař nebude obcházet kolem a prohlašovat „já jsem nejlepší doktor. Přijďte ke mně. Vyléčím vás". I když má pacient k dispozici toho nejlepšího lékaře, dokud v něj neuvěří, nebude mít léčba velký efekt.

Nezávisle na tom, kdy a kde se nalézáme, veškeré zákroky, které se dějí v operaci života, vykonává Bůh. Vídáte, že chirurgové mají při operaci nasazenou ochrannou roušku. Nikdo je v tu dobu nedokáže rozeznat. Za onou rouškou se nachází lékařova tvář. Podobně je to se všemi životními zkušenostmi; za všemi nacházíme soucitnou tvář Boha či našeho mistra.

Tazatel: Ammo, jsi vůči svým žákům nekompromisní, pokud se jedná o odstranění jejich ega?

Amma: Když lékař operuje a odstraňuje rakovinou postiženou část pacientova těla, připadá vám to jako nekompromisní? Pokud ano, pak je Amma v tomto smyslu velice nekompromisní. Egoismu se ale dotknu jen tehdy, pokud žáci spolupracují.

Tazatel: Co děláš, abys jim pomohla?

Amma: Pomáhám jim uvidět rakovinový nádor – egoismus – vnitřní slabosti a negativitu – a usnadňuji způsob, jak se ho mohou zbavit. To je skutečné soucítění.

Tazatel: Považuješ je za své pacienty?

Amma: Je důležitější, aby oni poznali, že jsou pacienty.

Tazatel: Co znamená „žákova spolupráce"?

Amma: Víra a láska.

Tazatel: Ammo, mám ještě jeden dotaz, nejsem si jista, zda se mohu zeptat.

Amma: Neboj se a ptej se.

Tazatel: Jaké je procento úspěšnosti tvých operací?

Amma se hlasitě rozesmála a lehce poklepala tazatele na hlavě.

Amma: (se smíchem). Operace jsou úspěšné jen velmi zřídka.

Tazatel: Proč?

Amma: Protože ego většiny lidí nedovolí spolupráci s lékařem. Nenechá doktora odvést dobrou práci.

Tazatel: (rozpustile) Ty jsi ten doktor, že ano?

Amma: (anglicky) Já nevím.

Tazatel: Dobře; jaký je tedy základní předpoklad, aby taková operace byla úspěšná?

Amma: Jakmile se pacient ocitne na operačním stole, jediná věc, kterou může dělat, je být klidným, věřit lékaři a odevzdat se. V dnešní době nemocní dostávají anestezii i při malých zákrocích. Nikdo nechce cítit bolest. Lidé jsou raději v bezvědomí, cítí-li bolest. Anestezie, lokální či celková, ale pacienta uspí a znemožní mu vnímat průběh operace. Když však na vás – na vašem egu – pracuje duchovní mistr, chce, abyste byli při vědomí. Zákroky Boha, jako duchovního mistra, odstraňují rakovinu ega. Celý proces je mnohem snazší, pokud žák zůstane otevřený a při vědomí.

19

Skutečný význam dharmy

Tazatel: Dharma bývá různými lidmi vysvětlována různě. Množství interpretací činí ze všeho zmatek. Co tedy skutečně znamená dharma?

Amma: Pravý význam dharmy lze pochopit jedině tehdy, když poznáme Boha jako naši Podstatu a oporu. Dharmu nelze najít v knihách či ve slovech.

Tazatel: To se týká nejvyšší dharmy, není-li pravda? Jak ale nalézt smysl, který se týká našeho každodenního života?

Amma: Jedná se o poznání, které získá každý z nás v průběhu různých životních zkušeností. Pro někoho přijde rychle a ten najde správnou cestu a správnou činnost takřka ihned. Pro jiné se jedná o pomalý proces. Musí projít cestou pokusů a omylů než nalezne bod, od kterého může začít provádět svou životní dharmu. To neznamená, že vše, co dělal před tím, bylo zbytečné. Ne, obohatí své zkušenosti, a pokud zůstane nezaujatý, získá mnoho životních zkušeností.

Tazatel: Může být běžný rodinný život se všemi jeho problémy a povinnostmi překážkou duchovnímu probuzení?

Amma: Ne, pokud si vytyčíme osvobození za nejvyšší životní cíl. Pokud je skutečně naším cílem, tak mu přizpůsobíme veškeré naše myšlenky i činy. Budeme si stále vědomi svého přání. Člověk cestující z jednoho místa na jiné může cestou mnohokrát vystoupit a zastavit se na čaj nebo na jídlo, ale vždy nasedne zpět do auta. Na to, kam jede, bude myslet i při oněch malých přestávkách. Podobně je to v životě; můžeme se mnohokrát zastavit a dělat mnoho věcí. Nesmíme se však zapomenout vrátit do vozidla, které nás veze po naší duchovní cestě – a zůstat sedět s pevně zapnutým bezpečnostním pásem.

Tazatel: „Pevně zapnutým bezpečnostním pásem"?

Amma: Ano. Když letíte, tak vzdušné vlny mohou vytvořit turbulence a s vámi to může začít házet. Nehody se mohou stát i na silnici. Vždy je nejlepší být v bezpečí a dbát určitých pravidel. Stejně je tomu s duchovní cestou; situacím, které mohou vyvolat mentální a citový zmatek, se nelze vždy vyhnout. Abychom podobné situace v pořádku ustáli, musíme poslouchat duchovního učitele a dodržovat v životě disciplínu a morální pravidla. Na duchovní cestě tyto pravidla představují náš bezpečnostní pás.

Tazatel: Tedy, ať provádíme jakoukoli práci, neměla by nás vzdalovat od naší nejvyšší dharmy, což je poznání Boha. To myslíte?

Amma: Ano. U lidí, kteří chtějí žít kontemplativním a meditativním životem, nesmí oheň touhy po Bohu nikdy vyhasnout. Dharma znamená „to, co udržuje" – to, co udržuje život a existenci je *Átmán*. Proto dharma, která bývá běžně vysvětlována jako „něčí povinnost" nebo životní dráha, kterou si dotyčný zvolil, nakonec směřuje k osvobození. V tomto smyslu lze dharmou nazvat veškeré myšlenky a činy, které podporují náš duchovní vývoj.

Činy vykonané správně, ve správnou dobu a se správným přístupem jsou dharmické. Tato správná činnost nám pomáhá v naší mentální očistě. Můžete být obchodníkem, taxikářem, řezníkem nebo politikem; ať máte jakékoli povolání, pokud jej vykonáváte jako svou dharmu, tj. jako prostředek k dosažení osvobození, vaše práce se posvětí. Stejně tomu bylo u gopí ve Vrindávanu (žen pasáků krav), které si vydělávaly prodejem mléka a másla. Natolik se přiblížily k Bohu, že nakonec dosáhly nejvyššího životního cíle.

22

Láska a láska

Tazatel: Jaký je rozdíl mezi láskou a Láskou?

Amma: Rozdíl mezi láskou a Láskou je jako rozdíl mezi lidskými bytostmi a Bohem. Láska je přirozenost Boha a láska je přirozenost lidských bytostí.

Tazatel: Ale Láska je Skutečná Podstata i lidských bytostí, že?

Amma: Ano, pokud člověk pozná Pravdu.

Vědomí a pozornost

Tazatel: Co je to Bůh?

Amma: Bůh je čisté vědomí. Bůh je čistá pozornost.

Tazatel: Je vědomí a pozornost jedno a totéž?

Amma: Ano, jedno a totéž. Čím bdělejší jste, tím ostřeji vnímáte a naopak.

Tazatel: Jaký je rozdíl mezi hmotou a vědomím?

Amma: Jedno je vně a druhé uvnitř. Zvenku je hmota a uvnitř vědomí. Vnější se mění a vnitřní, přebývající Átmán, je neměnný. Je to existence Átmánu, která oživuje a osvětluje vše ostatní. Átmán je samo zářící, kdežto hmota nikoli. Bez vědomí hmota zůstane nepoznána. V okamžiku, kdy překročíte veškeré rozdíly, uvidíte, že vše je prostoupeno čistým vědomím.

Tazatel: „Za všemi rozdíly", „Vše je prostoupeno čistým vědomím" – vždy používáte krásné příklady. Neznáte některý, kterým by se tyto věci daly lépe přiblížit?

Amma: (s úsměvem) Tisíce nádherných příkladů nedokáže zastavit mysl, aby neopakovala ty samé otázky. Veškeré pochyby zmizí jen na základě čisté zkušenosti. Pokud se však intelekt trošku uspokojí s dalším příkladem, nic proti tomu nemám.

Představte si, když jste v lese. Vidíte různé druhy stromů, rostlin, květin a stvoření v celé své kráse. Když z lesa vyjdete a ohlédnete se, všechna různorodost stromů, květů a rostlin postupně zmizí, až nakonec uvidíte les jako celek. Podobně je to s myslí. Když ji překročíte, tak zmizí její omezení v podobě nicotných přání i veškeré rozdíly vytvořené pocitem „já" a „ty". Poté budete vnímat vše jako jedno a jedinou Podstatu.

Vědomí stále je

Tazatel: Je-li vědomí přítomno neustále, máme přesvědčivý důkaz o jeho existenci?

Amma: Vaše vlastní existence je nejpřesvědčivějším důkazem existence vědomí. Můžete popřít své bytí? Nikoli, protože i vaše popření představuje důkaz, toho, že existujete, je to tak? Dejme tomu, že se někdo zeptá, „jsi tam?" Vy odpovíte, „Ne, nejsem." I záporná odpověď je jasným důkazem, že tam jste. Nemusíte to potvrzovat. Stačí to popřít a je to prokázáno. Stejně tak je prokázán i Átmán (duše).

Tazatel: Je-li tomu tak, proč je tak obtížné jej zakusit?

Amma: „To, co je" můžeme poznat jedině tehdy, když jsme si toho vědomi. Jinak to zůstane pro nás nepoznáno, přestože to existuje. Je to tak, že pravda o tom, co existuje, byla pro nás neznámá. Gravitační zákon existoval i před tím, než byl objeven. Kámen, který jsme vyhodili, vždy dopadl zpět na zem. Stejně tak je v nás vždy přítomno vědomí - nyní, v tomto okamžiku - ale my si toho nejsme vědomi. Ve skutečnosti existuje pouze přítomný okamžik. Abychom si to uvědomili, musíme získat nový pohled, nový zrak a i nové tělo.

Tazatel: „Nové tělo?" Co je tím myšleno?

Amma: Neznamená to, že vaše nynější tělo zmizí. Bude vypadat stejně, ale projde jemnou transformací, změnou. Protože jedině tehdy může zahrnout stále se rozpínající vědomí.

Tazatel: Co myslíte rozpínajícím se vědomí? Upanišády tvrdí, že Absolutno je púrnam (vždy úplné). Říkají „púrnamada púrnamidam..." („Toto je úplné, tamto je úplné"), takže nechápu to, jak se již dokonalé vědomí může dále rozpínat?

Amma: To je vše pravda. Na individuální či fyzické rovině však duchovní aspirant projde zkušeností rozšiřování vědomí. Celková šakti (duchovní energie), je samozřejmě neměnná. Přestože z pohledu Védánty (hinduistické filozofie neduálnosti) neexistuje žádná duchovní cesta, pro dotyčného určitá cesta k dokonalosti existuje. Jakmile jednou dosáhnete cíle, pochopíte, že celý proces, včetně duchovní cesty byl neskutečným, protože vy jste ve stavu dokonalosti vždy byli a nikdy jste se od něj nevzdálili. Do doby než dosáhnete nejvyššího poznání, probíhá na základě pokročilosti sádhaka (duchovního žáka) rozpínání vědomí a pozornosti.

Na příklad, co se stane, když čerpáte vodu ze studny? Studna se okamžitě zaplní vodou z pramene pod ní. Pramen studnu neustále zásobuje. Čím více vody vyčerpáte, tím více jí přiteče. Mohli bychom říci, že voda ve studni roste. Pramen je nevyčerpatelným zdrojem. Studna je plná a zůstává plná, protože je navždy spojena s pramenem. Studna se stává dokonalou. Stále se rozšiřuje.

Tazatel: (po chvíli zamyšlení) Vysvětlujete to podrobně, ale stejně to zní složitě.

Amma: Ano, mysl to nepochopí, to je mi jasné. Nejsnazší je nejobtížnější, nejjednodušší se stává nejkomplikovanějším a to nejbližší se zdá být nejdále. Zůstane to hádankou, dokud nepoznáme svou Podstatu. Z tohoto důvodu popisovali rišijové (dávní mudrci) Átmán jako „vzdálenější než nejvzdálenější a bližší než nejbližší".

Lidská mysl představuje velmi omezený nástroj. Nemůže obsáhnout neomezené vědomí. Stejně jako studna; jakmile se napojíme na věčný zdroj šakti (energie), naše vědomí se začne rozšiřovat. Jakmile dosáhneme stav nejvyššího *samádhi* (přirozený stav bytí), spojení mezi tělem a myslí, mezi Bohem a světem začne dokonale fungovat. Pak neexistuje žádný růst, nic. Zůstaneme sjednoceni s nekonečným oceánem vědomí.

Žádná prohlášení?

Tazatel: Prohlašujete něco?

Amma: Co bych měla prohlašovat?

Tazatel: Že jste inkarnace Matky boží nebo dokonale realizovaný mistr atd.

Amma: Copak prezident nebo premiér, když někam cestuje, o sobě říká „víte vy, kdo jsem?" Jsem prezident/premiér? Ne. Jsou tím, čím jsou. I tvrzení, že jste avatár (Boží vtělení v lidské podobě) nebo osvícený zahrnuje ego. Ve skutečnosti, tvrdí-li někdo, že je dokonale osvíceným nebo inkarnací, sám o sobě říká, že tomu tak není.

Dokonalí učitelé nic takového netvrdí. Svou pokorou dávají příklad celému světu. Uvědomte si, že osvícení z vás nedělá nic zvláštního. Dělá vás pokorným.

Abyste o sobě něco prohlašovali, nemusíte být ani osvícení ani nic umět. Jediné, co musíte mít, je velké ego, falešnou pýchu. To je přesně to, co dokonalý mistr nemá.

Proč je na duchovní cestě důležitý učitel

Tazatel: Proč se na duchovní cestě přikládá tak velká důležitost Guruovi?

Amma: Podívejte, řekněte mi, zda existuje nějaká cesta nebo činnost, kterou se lze naučit bez pomoci učitele nebo průvodce. Chcete-li se naučit řídit, musí vás vzít do učení zkušený řidič. Dítě musíte naučit, jak si vázat tkaničky. A jak se bez učitele naučíte matematiku? I kapsář potřebuje zpočátku někoho, kdo jej naučí, jak krást. Jsou-li učitelé nezbytní v běžném životě, jak bychom je mohli postrádat v oblasti spirituality, která je mnohem subtilnější?

Pokud se chcete dostat na vzdálené místo, asi si budete chtít koupit mapu. I když ji pečlivě prostudujete, tak pokud jedete na zcela neznámé místo, tak se o něm dozvíte až v okamžiku, kdy tam budete. Mapa vám toho mnoho nepoví; nedokáže popsat veškeré taje, zákruty a nebezpečí, která se na cestě mohou vyskytnout. Proto je lepší se spolehnout na radu někoho, kdo cestu absolvoval a zná ji ze své vlastní zkušenosti.

Co víte o duchovní cestě? Pro nás se jedná o zcela neznámý svět a cestu. Možná máte informace z knih nebo od nějakých lidí. Když po ní chcete ale skutečně jít a prozkoumat ji, je vedení duchovního mistra (*Satgurua*) nepostradatelné.

Léčivý dotyk

J ednoho dne přivedl koordinátor evropských programů k Ammě mladou ženu, která usedavě plakala. Řekl mi, že by chtěla Ammě povyprávět svůj neveselý životní příběh. Žena se slzami v očích vyprávěla, že když jí bylo pět let, opustil je otec. Jako malé dítě se na otce ptala své matky, ale ta o něm neřekla nikdy nic hezkého, protože spolu měli velmi špatný vztah. S postupem času se žena přestala o svého otce zajímat.

Před dvěma lety – tj. dvacet let po zmizení jejího otce – zemřela ženě matka. Při uklízení pozůstalosti najednou překvapeně našla v jednom ze starých matčiných diářů otcovu adresu. Podařilo se jí sehnat na něj telefon a plna očekávání mu zavolala. Radost z jejich opětovného kontaktu byla obrovská. Poté, co spolu dlouho mluvili po telefonu, domluvili si schůzku. Otec souhlasil, že přijede autem k jejímu bydlišti. Osud byl však v tomto případě výjimečně nemilosrdný, doslova krutý. Na cestě za svou dcerou otec havaroval a přišel o život.

Mladá žena byla na zhroucení. Lékaři z nemocnice jí žádali o otcovu identifikaci a předali jí jeho tělo. Představte si ženin psychický stav. S obrovským očekáváním se těšila na svého otce, kterého neviděla dvacet let, a vše, co z něj uviděla, bylo jeho mrtvé tělo. Aby toho nebylo málo, lékaři ženě řekli, že příčinou nehody byl srdeční záchvat, který se udál za volantem. Myšlenka na shledání se svou dcerou po tolika letech ženina otce patrně značně rozrušila a zapříčinila jeho kolaps.

Ono ráno, když Amma přijala tuto mladou ženu, jsem byl svědkem jednoho z nejkrásnějších a nejdojemnějších daršanů vůbec. Mladá žena si vylévala srdce a Amma jí otírala slzy, které ženě kanuly po tváři. Něžně ji objala, její hlavu si dala na klín a ženu s pohnutým hlasem prosila, ať nenaříká: „Mé dítě, neplač." Amma ženu úplně upokojila. Neproběhla mezi nimi takřka žádná slovní komunikace. Naučil jsem se další důležitou lekci, jak léčit zraněné srdce způsobem, jaký praktikuje Amma. Žena při odchodu vypadala jako jiný člověk. Byla zcela klidná a velmi se jí ulevilo. Než odešla, tak se ke mně otočila se slovy „po setkání s Ammou se cítím lehká jako květina."

Při podobných událostech Amma užívá jen velmi málo slov, především jedná-li se o sdílení bolesti a utrpení druhých. Ukazuje, že pouze ticho spojené s hlubokým soucítěním dokáže zrcadlit bolest druhých. Když taková situace nastane, promlouvá svýma očima, které reflektují bolest příchozích a vyjadřují hlubokou lásku, zájem a účast.

Říká, „Ego nikoho nevyléčí. Filozofické promluvy plné abstraktních slov druhé leda zmatou. Ale pohled či dotyk člověka, který nemá ego, z mysli snadno odstraní bolest a zoufalství. To je jediný způsob, kterým lze skutečně léčit."

Bolest a smrt

Tazatel: Proč je se smrtí spojeno tolik strachu a bolesti?

Amma: Bolest a strach ze smrti vzniká díky silné připoutanosti k tělu a ke světu. Takřka každý si myslí, že smrt je naprostým zánikem. Nikdo nechce opustit svět a zmizet v zapomnění. Pokud jsme takto připoutáni, proces opouštění těla a světa může bolet.

Tazatel: Bude smrt bezbolestná, pokud se zbavíme připoutání?

Amma: Pokud člověk překročí připoutanost k tělu, nejenže smrt nebude bolet, ale stane se příjemnou zkušeností. Smrt těla můžete sledovat z pozice pozorovatele. Díky odstupu se ze smrti stane zcela jiná zkušenost.

Většina lidí umírá v hlubokém zklamání a frustraci. Jsou zcela ochromeni smutkem a své poslední dny tráví v úzkosti, bolesti a obrovském zoufalství. Proč? Protože se nikdy nenaučili odpoutat od svých bezvýznamných snů, přání a ulpívání. Především poslední dny takových lidí, bývají horší než samotné peklo. Proto je důležité získat moudrost.

Tazatel: Získáme moudrost s věkem?

Amma: To je všeobecné přesvědčení. Předpokládá se, že ve stáří člověk po veškerých životních zkušenostech zmoudří. Takový stupeň moudrosti však není snadné získat; zejména v dnešním světě, kdy se lidé soustředí především jen na sebe.

Tazatel: Jaký je základní předpoklad, aby člověk získal tento druh moudrosti?

Amma: Kontemplativní a meditativní život. Ten nám dává schopnost hlouběji porozumět různým životním zkušenostem.

Tazatel: Zdá se, že většina lidí není nijak meditativně ani kontemplativně založena, je to pro ně skutečně praktické?

Amma: Přijde na to, jakou tomu člověk dává důležitost. Uvědomte si, že byla doba, kdy meditace a kontemplace byly součásti běžného života. To je důvod, proč lidé vymysleli tolik věcí, i když neměli zdaleka tak rozvinuté technologie a vědecké poznání jako dnes. Objevy z této doby jsou stále základem pro naši moderní epochu. V dnešním světě bývá to nejdůležitější často popisováno jako „nepraktické". Jedná se o jeden z charakteristických znaků kálíjugy, věku temného materializmu. Je snadné probudit někoho, kdo spí, ale těžké probudit toho, kdo předstírá, že spí. Má smysl, když před slepým člověkem držíme zrcadlo? V dnešní době lidé před Pravdou raději zavírají oči.

Tazatel: Co je skutečná moudrost?

Amma: Skutečná moudrost je to, co dělá život jednoduchým a krásným. Je to správné pochopení, které člověk získá díky správnému rozlišování. Pokud ji získáme, odrazí se v našem myšlení a jednání.

35

Současný stav společnosti

Tazatel: Jaký je dnes stav společnosti z duchovního hlediska?

Amma: Obecně vzato po celém světě probíhá výrazné spirituální obrození. Lidé si více uvědomují potřebu spirituálního způsobu života. Přestože se přímo nehlásí ke spiritualitě, tak v západních zemích stále roste obliba filozofie New Age, jógy a meditace jako nikdy předtím. Věnování se józe a meditaci se stále těší větší oblibě obzvláště mezi vyššími vrstvami. Základní idea života v souladu s přírodou a duchovními zákony je přijímána dokonce i ateisty. Vnitřní touha a pocit naléhavosti ke změně je charakteristickým rysem celé společnosti, což je nepochybně velmi pozitivní skutečnost.

Na druhou stranu ale nekontrolovatelně roste vliv materializmu a materiálních požitků. Pokud to bude pokračovat, vznikne vážná nerovnováha. Když přijde na materiální požitky, lidé vykazují velmi chabé rozlišovací schopnosti a jejich přístup je často neinteligentní a destruktivní.

Tazatel: Je na dnešní době něco nového nebo jedinečného?

Amma: Dalo by se říci, že každý okamžik je jedinečný. Nutno však dodat, že naše doba je jedinečná, protože jsme takřka dosáhli na další vrchol lidské existence.

Tazatel: Skutečně? Na jaký vrchol?

Amma: Vrchol egoizmu, temnoty a sobectví.

Tazatel: Mohla bys to, prosím, trochu více vysvětlit?

Amma: Podle rišijů (dávných indických mudrců) existují čtyři epochy: Satjajuga, Tretajuga, Dvaparajuga a Kálíjuga. Nyní se nalézáme v Kálíjuze, věku temného materializmu. Satjajuga je prvním obdobím, kdy existovala pouze pravda a pravdivý způsob života. Postupem času jsme se dostali přes Treta a Dvaparajugu až do posledního stadia, o kterém se předpokládá, že bude kulminovat zase v Satjajugu. Když jsme vstoupili, prodělali a opět vystoupili z Treta a Dvaparajugy, ztratili jsme mnoho pozitivních vlastností, jako je láska, pravda, soucítění aj. Období pravdy a pravdivého způsobu života představoval vrchol lidské existence. Období Treta a Dvapara bylo středem, kdy si společnost ještě zachovala část dharmy (smyslu pro řád) a pravdy. Nyní jsme dosáhli dalšího vrcholu a to vrcholu adharmy (nespravedlnosti) a nepravdy. Aby společnost dokázala rozeznat svůj současný temný stav, potřebuje uvidět příklad skromnosti a pokory. To nás připraví, abychom mohli opět vystoupat na vrchol světla a pravdivosti. Doufejme tedy a modleme se, aby se lidé všech vyznání a kultury z celého světa k takové pokoře přiklonili, neboť dnešní společnost ji zoufale potřebuje.

Zkratka k osvobození

Tazatel: V dnešní době lidé hledají zkratky skoro ke všemu. Existuje nějaká zkratka k osvobození?

Amma: To je jako byste se zeptal, „existuje zkratka k poznání sebe"? Poznáním sebe poznáváme pravdu, která nás osvobodí. Je to tedy tak snadné jako rozsvítit světlo. Musíte však vědět, jaký knoflík zmáčknout a jak, protože tento vypínač se ukrývá uvnitř vás. Nelze jej nalézt nikde jinde.

Z toho důvodu je potřeba pomoc duchovního učitele. Dveře jsou stále otevřeny. Musíte jimi jen projít.

Duchovní pokrok

Tazatel: Medituji již mnoho let, ale mám pocit, že se stále nic neděje. Dělám něco špatně? Myslíte, že dělám správnou duchovní praxi?

Amma: Nejprve mi řekněte, proč si myslíte, že u vás není vidět žádný pokrok. Jaké je podle vás kriterium duchovního pokroku?

Tazatel: Nikdy jsem neměl žádné vize.

Amma: Jaké vize máte na mysli?

Tazatel: Nikdy jsem neviděl modré Boží světlo.

Amma: Jak jste přišel na to, že máte vidět modré světlo?

Tazatel: Jeden z mých přátel o tom mluvil. Četl jsem to i v literatuře.

Amma: Co se týče sádhany (duchovní praxe) a duchovního růstu nemějte žádné zbytečné představy. Ty představy jsou špatně. Vaše vlastní koncepty o spiritualitě se sami o sobě mohou stát překážkou na cestě. Děláte dobrou praxi, ale se špatným přístupem. Čekáte, až se před vámi objeví modré Boží světlo. Zvláštní je, že vůbec nevíte, co Boží světlo je, ale myslíte, že je modré. Kdo ví, možná že už se před vámi objevilo, ale vy jste čekal na konkrétní modré Boží světlo. Co když se Bůh rozhodl ukázat se v podobě červeného nebo zeleného světla? Pak jste jej možná propásl.

Kdysi sem přišel jeden člověk, který mi pověděl, že čeká, až se mu v meditaci objeví zelené světlo. Řekla jsem mu, aby byl opatrný, když řídí auto a nezaměnil červenou na semaforech za zelenou. Takové představy o spiritualitě mohou být nebezpečné. Cílem všech duchovních cvičení je zažívat pokoj za všech okolností. Cokoli jiného – světlo, forma či zvuk – přijde a odejde. I když budete mít nějaké vize, budou jen dočasné. Jediná trvalá zkušenost je úplné upokojení. Pokoj a vyrovnaná mysl jsou skutečným ovocem duchovního života.

Tazatel: Je špatné chtít takové zkušenosti?

Amma: Neřekla bych; není na tom nic špatného. Nepřikládejte jim však velký význam, jinak mohou výrazně zpomalit váš duchovní růst. Pokud přijdou, nechte je plavat. To je správný přístup.

V počátečních stupních duchovní praxe bude mít člověk o spiritualitě mnoho mylných a zmatených představ, a to díky přílišnému nadšení a nedostatečné bdělosti. Někteří lidé například blázní po vizích různých bohů a bohyň. Touha po různých barvách je jen dalším takovým přáním. Mnoho lidí je přitahováno líbeznými zvuky. Kolik lidí ztratí svůj celý život, jen aby získalo *sidhis* (jógické síly). Někteří lidé zase chtějí okamžité *samádhi* (přirozený stav osvícení) a osvobození. Mnoho dalších zase slyšelo množství historek o probuzení kundalíni (duchovní energii, která leží v neprobuzeném stavu v dolní části páteře). Skutečný duchovní adept se těmito představami nebude zabývat. Uvedené koncepty mohou výrazně zpomalit duchovní pokrok. Proto je žádoucí, abychom od počátku svému duchovnímu životu jasně rozuměli a zaujali k němu zdravý a inteligentní přístup. Nekritické následování kohokoli, kdo o sobě tvrdí, že je duchovní učitel a čtení duchovní literatury bez předchozího výběru nám cestu jen ztíží.

Mysl osvícené duše

Tazatel: Jaká je mysl bytosti, která došla k osvobození?

Amma: Ne-mysl.

Tazatel: Tedy bez mysli?

Amma: Je to rozšířené vědomí.

Tazatel: Tyto bytosti ale také žijí ve světě. Jak je to možné bez mysli?

Amma: Samozřejmě, pro styk s okolím mysl „používají". Je však obrovský rozdíl mezi běžnou lidskou myslí, která je plná různých myšlenek a myslí osvobozené bytosti. Osvobozené bytosti mysl používají, běžní lidé jsou myslí ovládáni. Osvícený člověk není vypočítavý, je spontánní. Spontaneita je vlastnost srdce. Člověk, který se převážně identifikuje s myslí, nedokáže být spontánním.

Tazatel: Většina lidí žijících ve světě se ztotožňuje se svou myslí. Je tedy pravda, že většina z nich příliš kalkuluje?

Amma: Ne, je množství situací, kdy se lidé ztotožní se srdcem a jeho pozitivními pocity. Když je člověk milý, soucitný a ohleduplný ke druhým, je více v srdci než v mysli. Chová se tak ale vždy? Nikoli, většinou se lidé identifikují s myslí. To tím bylo myšleno.

Tazatel: Dříme-li v našem srdci schopnost soucítění s druhými lidmi, proč nejsou lidé více soucítící?

Amma: Protože ve vašem současném stavu je mysl silnější než srdce. Abyste se mohli naladit na pozitivní pocity svého srdce, musíte zesílit spojení s tichem vašeho duchovního srdce a oslabit spojení s rušivými vlivy své mysli.

Tazatel: Jak se člověk stane spontánním a otevřeným?

Amma: Zmenšením svého egoizmu.

Tazatel: Co se stane, když ego nebude tolik překážet?

Amma: Budete přemožen silnou touhou, která vytryskne hluboko uvnitř vás. Přestože jste pro ni připravil podmínky, když se tak stane, nebude zde již žádné vědomé jednání nebo úsilí. Pak se to, co děláte, ať se jedná o cokoli, stane krásné a dokonalé. To, co v onen okamžik uděláte, bude přitahovat i ostatní. V těchto chvílích se budete řídit svým srdcem a přiblížíte se k tomu, kým ve skutečnosti jste.

Ve skutečnosti tyto okamžiky přicházejí ze stavu překračujícím vše, co běžně známe - z toho, co překračuje naši mysl a náš intelekt. Najednou se napojíte na Nekonečné a ponoříte se do zdroje univerzální energie.

Dokonalí duchovní mistři vždy žijí v tomto stavu a vytváří takové podmínky i pro ostatní.

Vzdálenost mezi Ammou a námi

Tazatel: Jaká je vzdálenost mezi tebou a námi?

Amma: Žádná a nekonečná.

Tazatel: Žádná a nekonečná?

Amma: Ano, mezi vámi a mnou neexistuje naprosto žádná vzdálenost. Ale současně je ta vzdálenost nekonečná.

Tazatel: To si odporuje.

Amma: Rozpor v tom vidíš proto, že to chápeš myslí, která má své omezení. Rozpor nezmizí, dokud nedosáhneš nejvyššího stavu osvícení. Ani to nejinteligentnější a nejlogičtější vysvětlení tuto kontradikci neodstraní.

Tazatel: Chápu omezení své mysli. Stále ale nechápu, proč by to mělo být tak paradoxní a dvojsmyslné. Jak to může být nic a nekonečno zároveň?

Amma: Nejprve si uvědom, že nerozumíš omezením své mysli. Skutečně porozumět malému rozměru tvé mysli znamená pochopit velikost Boha, Božství. Mysl představuje velké břemeno. Jakmile to jednou pochopíš, uvidíš, jak je nesmyslné tahat s sebou tento obrovský náklad, kterému říkáme mysl. Už ho nebudeš moci dále nést. Toto pochopení ti pomůže mysl opustit.

Tak dlouho dokud si nebudeš vědoma své Boží Podstaty, vzdálenost bude nekonečná. V okamžiku osvícení ale poznáš, že žádná vzdálenost nikdy neexistovala.

Tazatel: Celý tento proces není myslí možné pochopit.

Amma: Ano, to je dobré znamení. Alespoň souhlasíš s tím, že pomocí intelektu tento proces pochopit nelze.

Tazatel: Znamená to, že žádný proces není?

Amma: Přesně tak. Na příklad si vezměme člověka, který se narodil slepý. Má nějaké poznání o tom, jak vypadá světlo? Nikoli, zná pouze tmu, tedy zcela jiný svět než ti, kteří mají to štěstí a vidí.

Lékař mu poví: „Když podstoupíte operaci, můžete začít vidět. Je třeba provést určitou korekci."

Když tedy onen muž podstoupí operaci, jak radil lékař, tma zmizí a objeví se světlo, je to tak? To světlo, odkud se vzalo; přišlo zvenku? Ne, ten vidoucí vždy čekal uvnitř onoho muže. Podobně je to s námi. Když provedeme korekci našeho vnitřního zraku, tj. budeme provádět duchovní praxi, uvnitř nás se rozzáří stále přítomné světlo čisté moudrosti.

Amma a její metody

Způsob, jakým Amma dokáže zprostředkovat své učení, je ojedinělý. Lekce přichází neočekávaně a vždy má jistý nádech výjimečnosti.

Během ranního daršanu přivedl jeden účastník soustředění ženu, která nebyla přihlášena. Všiml jsem si toho a neprodleně Ammu informoval. Ta mi ale vůbec nevěnovala pozornost a pokračovala v dávání daršanu.

Pomyslel jsem si, „dobře; Amma nemá čas. Tak se na nezvaného hosta podívám sám." Na pár dalších minut, přestože má hlavní séva (nesobecky motivovaná práce) spočívala v překládání dotazů, jsem si vybral jako vedlejší práci hlídání oné ženy. Ta zůstávala stále u člověka, který ji přivedl, a tak jsem je oba bedlivě pozoroval. Přitom jsem Ammě neustále popisoval, kde jsou. Amma mě sice vůbec neposlouchala, ale já jsem to přesto považoval za svou povinnost.

Jakmile se postavili do fronty pro osoby se zvláštními potřebami, ihned jsem to s nadšením oznámil. Amma však pokračovala v daršanu jakoby nic.

Mezitím si ke mně stoupli dva lidé. Ukázali na onu ženu a jeden z nich prohlásil. „Vidíte ji? Chová se podivně. Slyšel jsem ji, jak vše kritizuje. Myslím, že bychom ji zde neměli trpět." Druhý muž se vážně zeptal. „Zeptejte se Ammy, co s ní máme dělat – máme ji vyvést?"

Po mém velkém úsilí získat pozornost se na mě Amma nakonec otočila a zeptala se, kde žena je.

Všem třem se nám zlepšila v tu ránu nálada. Mysleli jsme – aspoň tedy já jsem myslel – že Amma brzy pronese tři nejlíbeznější slova, na které jsme všichni netrpělivě čekali. „Odveďte ji pryč".

Jakmile se Amma na ženu zeptala, všichni tři jsme ukázali místo, kde seděla a napjatě čekali na konečné rozhodnutí. Amma se k nám otočila a zavelela: „Přiveďte ji." Horlivostí jsme se všichni tři div nepřerazili, jen aby žena byla u Ammy co nejdřív. Když se žena přiblížila, Amma se na ni otočila a s laskavým úsměvem ji přivítala: „Pojď ke mně, mé dítě" a žena se jí vrhla do náruče. Viděli jsme, jak žena měla jeden z nejkrásnějších daršanů vůbec. Amma ženu objala a něžně pohladila po zádech. Poté v sepnutých rukách držela ženinu hlavu a hluboko se jí zadívala do očí. Ženě začaly po tváři téct slzy, které jí Amma soucitně setřela.

Já a moji dva „kolegové" jsme stáli za daršanovým křeslem plni dojetí, ani jeden z nás nedokázal zadržet slzy.

Jakmile žena odešla, Amma se na mě podívala a s úsměvem podotkla: „Dneska jsi ztratil zbytečně moc energie."

S údivem jsem se zadíval na malou postavu Ammy, jak dává požehnání a radost všem příchozím. Dojetím jsem nemohl moc mluvit, ale vzpomněl jsem si v tu chvíli na jeden její výrok. „Amma je jako řeka. Prostě plyne. Někdo se v řece vykoupe. Jiný se jí napije a uhasí svou žízeň. Někteří v ní začnou plavat a mají z řeky radost. Jsou i tací, kteří do ní plivnou. Ať se děje cokoli, řeka přijímá vše a stále plyne, aniž by se jí něco dotklo. Do svého náručí přijme vše."

Byl jsem tedy svědkem další výjimečné chvíle v přítomnosti dokonalého mistra.

Žádná nová pravda

Tazatel: Myslíte si, že lidstvo potřebuje poznat novou pravdu, aby se probudilo?

Amma: Lidstvo nepotřebuje novou pravdu, ale potřebuje poznat již existující pravdu. Pravda je jen jedna. Existuje stále uvnitř nás. Nemůže být ani stará ani nová, je stále stejná, neměnná, vždy nová. Chceme-li novou pravdu, počínáme si jako předškolní dítě, které se ptá učitelky, „paní učitelko, už dlouho nám říkáte, že dvě a dvě jsou čtyři. My chceme slyšet něco nového. Nemůžete třeba říkat, že dvě a dvě je pět, namísto opakování čísla 4?" Pravdu nelze měnit. Byla zde vždy a je stále tatáž.

V tomto novém tisíciletí budeme svědky výrazného duchovního vzestupu, na východě i na západě. Naše doba to potřebuje. Stále větší množství vědeckých poznatků, které má lidstvo k dispozici, nás musí dovést k Bohu.

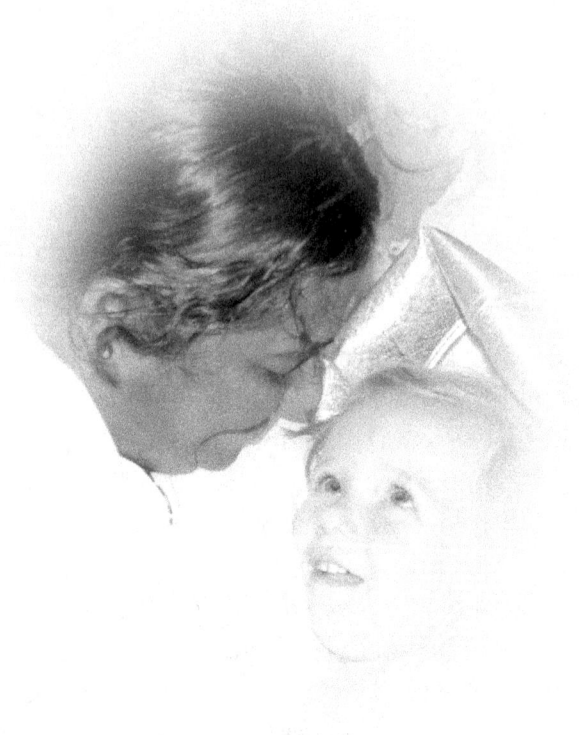

Pravda

Tazatel: Co je to pravda?

Amma: Pravda je to, co je věčné a neměnné.

Tazatel: Pravdivost je pravda?

Amma: Pravdivost je jen vlastnost, ne pravda ve smyslu Nejvyšší Skutečnosti.

Tazatel: Pravdivost tedy není součástí pravdy jako Nejvyšší Skutečnosti?

Amma: Je. Pravdivost je jako vše ostatní součástí pravdy ve smyslu Nejvyšší Skutečnosti.

Tazatel: Je-li součástí Nejvyšší Skutečnosti vše, pak tedy nejen dobré vlastnosti, ale i ty špatné, je to pravda?

Amma: Ano, dcero, ty se však nalézáš stále ještě na zemi a této výšky jsi nedosáhla. Představ si, že poletíš poprvé letadlem. Dokud do něj nenastoupíš, nebudeš o létání vědět vůbec nic. Když se kolem sebe rozhlédneš, vidíš lidi, jak mluví, volají. Jsou zde domy, stromy, sem a tam jezdí auta, slyšíš křik dětí atd. Po chvíli sezení letadlo vzlétnete a ty se ocitneš velice vysoko. Z oné výšky uvidíš, že se vše zmenšilo. Vylétneš ještě výš a vše pod tebou se natolik změní, že splyne v jednolitou plochu. Nakonec zmizí i ta plocha a ty zůstaneš obklopena rozsáhlým prostorem.

Stejně jak ty, dítě, jsi stále na zemi a zatím jsi nenasedla do letadla. Musíš proto respektovat a kultivovat dobré vlastnosti a ty špatné omezit. Až vzlétneš do výšin osvobození, poznáš vše jako Jednotu.

Duchovní poučení v jedné větě

Tazatel: Mohla bys mi dát radu v jedné větě, jak získat klid mysli?

Amma: Stálý nebo dočasný?

Tazatel: Stálý samozřejmě.

Amma: Pak poznej sama sebe (Átmán).

Tazatel: To je dost těžké pochopit.

Amma: Ok, tak měj rád všechny lidi.

Tazatel: To jsou dvě různé odpovědi?

Amma: Ne, jen slova se liší. Poznání své Podstaty a láska ke všem ostatním jsou jedno a to samé. Jsou na sobě navzájem závislé. (Se smíchem) Synu, to je už ale víc než jedna věta.

Tazatel: Omlouvám se, že tomu stále nerozumím.

Amma: To je v pořádku; netrap se tím. Chceš se ptát dále?

Tazatel: Ano. Klid, láska a skutečné štěstí se vytváří v průběhu naší sádhany (duchovní praxe) nebo jsou pouze na jejím konci?

Amma: Obojí. Celý kruh se ale stane úplným pouze tehdy, když poznáme své pravé já. Tehdy poznáme i dokonalý klid.

Tazatel: Co je myšleno tím kruhem?

Amma: Kruh naší vnitřní a vnější existence, stav dokonalosti.

Tazatel: Písma však prohlašují, že ten kruh již dokonalý je. Je-li to kruh, tak jak ho lze nějak více uzavřít?

Amma: Samozřejmě, jedná se o dokonalý kruh. Většina lidí to ale neví. Pro ně v něm existuje mezera, která se musí vyplnit. A veškerá přání, požadavky a potřeby, za nimiž se honí každá lidská bytost, jsou pokusem o její vyplnění.

Tazatel: Slyšel jsem, že ve stavu dokonalého osvícení neexistuje žádné uvnitř a vně.

Amma: Ano, jedná se ale pouze o zkušenost těch, kteří v tomto stavu žijí.

Tazatel: Pomůže mi, když ten stav dokážu intelektuálně pochopit?

Amma: Pomůže k čemu?

Tazatel: Abych jej trochu zakusil.

Amma: Ne, intelektuální pochopení uspokojí jen intelekt a i tento druh uspokojení je pouze dočasný. Můžeš si myslet, že jsi to pochopil, ale zanedlouho opět vyvstanou pochyby a otázky. Tvé chápání je založeno jen na omezených slovech a vysvětleních; ty ti nedokážou zprostředkovat zkušenost „neomezeného".

Tazatel: Jaká je tedy nejlepší cesta?

Amma: Tvrdě pracuj, dokud nepřijde odevzdání.

Tazatel: Co máte na mysli tím „tvrdě pracuj"?

Amma: Myslím tím trpělivě prováděj tapas (oběť ve smyslu duchovní praxe). Pouze budeš-li jej provádět, dokážeš žít v přítomnosti.

Tazatel: Znamená tapas sedět bez přerušení dlouhé hodiny v meditaci?

Amma: To je jenom jeho část. Každá činnost a myšlenka prováděná tak, aby nás vedla ke sjednocení s Bohem či naší vnitřní Podstatou je skutečný tapas.

Tazatel: O co se jedná přesně?

Amma: Svůj život odevzdáš poznání Boha.

Tazatel: Trochu jsi mě teď zmátla.

Amma: (s úsměvem) Ne trochu, myslím, že hodně.

Tazatel: Máš pravdu. Ale proč?

Amma: Protože o spiritualitě a stavu za myslí moc přemýšlíš. Přestaň přemýšlet a tu energii použij na to, co dokážeš dělat. To ti umožní tento stav – nebo alespoň jeho náznak – zakusit.

Nutnost mít denní rozvrh

Tazatel: Říkáte, že člověk by měl mít každodenní disciplínu, něco jako rozvrh, a měl ji co nejvíce dodržovat. Jsem ale matka malého dítěte. Co mám dělat, když mám meditovat a dítě pláče?

Amma: To je jednoduché. Napřed se postarejte o dítě a pak si sedněte k meditaci. Pokud to uděláte opačně, budete stejně meditovat pouze o dítěti a nikoli o Bohu nebo své Podstatě. Dodržování rozvrhu je velmi důležité zejména v počátečních stupních duchovní praxe. Opravdový *sádhak* (duchovní aspirant) se ale snaží o sebekontrolu stále, ve dne i v noci.

Někteří lidé jsou zvyklí ihned po probuzení pít kávu. Pokud se jim to jeden den nepodaří, budou se cítit dost špatně. Absence kávy jim může zkazit celý den a způsobit nevolnost, zácpu a bolest hlavy. Stejným způsobem se pro duchovního člověka stane každodenní potřebou opakování mantry, meditace a modlitba. Pokud jednou vynechá, mělo by mu to silně vadit. To poté vyvolá touhu své duchovní cvičení nikdy nevynechat.

Vlastní úsilí

Tazatel: Někteří lidé prohlašují, že protože naší Pravou Podstatou již je Átmán, není důvod dělat žádné duchovní cvičení. Říkají, „Jsem To; Absolutní Vědomí, tak jaký smysl má provádět sádhanu, když už Tím jsem?" Jsou tito lidé skutečně spirituální?

Amma: Nechci hodnotit, zda jsou spirituální či nejsou. Amma má ale pocit, že tito lidé buď svou spirituálnost jen předstírají, nebo jsou úplně vedle anebo jsou líní. Zajímalo by mně, zda by tito lidé také řekli, „Nejsem tělo a mysl, takže nemusím jíst ani pít."
Představte si, že je přivedete do jídelny, kde na stolech na vkusně nachystaných talířích je místo lahodného pokrmu jen

list papíru, na kterém stojí „rýže", „dušená zelenina", „dort" atd. Budou tito lidé ochotni připustit, že se dosyta najedli a již vůbec nemají hlad?

Strom obsahuje svou potenciální podobu v semínku. Co se však stane, pokud si semínko sobecky usmyslí, „Nesehnu se k zemi, jsem přece strom. Nemám zapotřebí jít do té špinavé hlíny." S takovýmto postojem nikdy nenaklíčí, nevyroste sazenice a nikdy žádný strom, který by ostatním poskytnul stín a ovoce, nevznikne. To, že si semínko myslí, že je strom, nic neznamená. Dále bude existovat jako semínko. Buďte tedy semínkem, ale mějte odvahu se poklonit zemi a jít do hlíny. Země se pak o vás postará.

Milost

Tazatel: Je milost nejdůležitější složkou?

Amma: Milost je faktor, který přináší tomu, co děláme, správný výsledek ve správný čas a ve správné míře.

Tazatel: I když se zcela odevzdám své práci, bude výsledek záviset na tom, jaké množství milosti jsem obdržel?

Amma: Odevzdání je nejdůležitější. Čím odevzdanější jste, tím otevřenějším se stáváte. Čím jste otevřenější, tím více ucítíte lásku. Čím více budete mít lásky, tím více se k vám dostane milosti.

Milost znamená otevřenost. Jedná se o duchovní sílu a intuitivní pohled, který lze získat při provádění činnosti. Otevřený přístup vůči konkrétní situaci nastane, když přestanete poslouchat své ego a úzkoprsé názory. V mysli se uvolní místo pro lepší proudění boží energie (šakti). Tok této energie a její vyjádření v tom, co děláme, se nazývá milost.

Někdo může být geniální zpěvák. Při vystoupení na jevišti by však měl mít takový přístup, aby skrze něj mohla plynout energie hudby. To k němu přivede milost a pomůže okouzlit celé publikum.

Tazatel: Kde existuje zdroj milosti?

Amma: Skutečný zdroj milosti je uvnitř. Dokud to však nezjistíte, bude se zdát, že je někde daleko za vším.

Tazatel: Za vším?

Amma: „Za vším" představuje původ; zdroj, který je vám v nynějším mentálním stavu neznámý. Zpívá-li zpěvák ze srdce, je v kontaktu s Božstvím, s dimenzí za vším, co známe. Odkud pochází hudba, která se nás dotýká? Můžete říci, že z hrdla nebo ze srdce. Podíváte-li se ale dovnitř, uvidíte ji? Nikoli, proto pochází z oné dimenze. Tato dimenze je skutečným zdrojem, Božstvím. Jakmile dosáhnete dokonalého osvícení, naleznete tento zdroj uvnitř sebe.

Sanjása: Mimo veškeré kategorie

Tazatel: Co to znamená být skutečným sanjásinem?

Amma: Opravdový sanjásin je ten, který překročil veškerá omezení, která vytváří mysl. V nynějším stavu jsme hypnotizováni myslí. Ve stavu sanjásy se z této hypnózy dokonale osvobodíme. Vzbudíme se ze snu – jako opilec, který se probere z otravy alkoholem.

Tazatel: Je sanjása také dosažení božského stavu?

Amma: Amma by to upřesnila následovně: sanjása je stav, kdy jsme schopni vnímat a uctívat vše stvořené jako Boha.

Tazatel: Je skromnost znakem opravdového sanjásina?

Amma: Skutečného sanjásina nelze kategorizovat, protože je za vším. Pokud uvedete, že ten a ten člověk je velmi upřímný a skromný, stále tam je „někdo", kdo se cítí být upřímným nebo skromným. Ve stavu sanjásy, ten „někdo"; což je ego, zmizí. V běžném významu je skromnost opak arogance, láska opak nenávisti. Skutečný sanjásin však není ani skromný ani arogantní – není ani láskou ani nenávistí. Ten, kdo dosáhl stavu sanjásy, je za všemi kategoriemi. Není nic, co by mohl získat nebo ztratit. Když říkáme, že skutečný sanjásin je „pokorný", znamená to nejen nepřítomnost pýchy, ale také absenci samotného ega.

Jednou se někdo zeptal jednoho osvíceného člověka, „kdo jste?"

„Nejsem," odpověděl mudrc.

„Jste Bůh?"

„Ne, nejsem."

„Jste svatý člověk nebo mudrc?"

„Ne, nejsem."

„Jste ateista?"

„Nikoli."

„Potom, kdo vlastně jste?"

„Jsem, ten, který jsem. Jsem čisté uvědomění."

Sanjása je stav čistého uvědomění.

Boží hra uprostřed mraků

Dějství první: Let do Dubaje společnosti Air India právě odstartoval. Přípravy leteckého personálu pro první servírování nápojů vrcholí. Najednou, jeden za druhým, se všichni cestující zvedají ze sedadel a v procesí odchází do Business class. Zmatené letušky a stevardi, netušíc, co se děje, se snaží pasažéry vracet na místo. Poté co zjistí, že jejich snaha je zcela zbytečná, žádají cestující o spolupráci, dokud neroznesou jídlo.

Cestující se ale nenechají: „Chceme jít na daršan Ammy."

„Ano, to je v pořádku", odpovídají letušky. „Jen to chvíli vydržte, než roznesem jídlo."

Nakonec cestující vyhoví leteckému personálu a vrací se na svá místa.

Dějství druhé: Je po obědě. Letušky a stevardi kontrolují frontu na daršan, která se pomalu pohybuje k místu, kde Amma sedí. Díky nezvyklým okolnostem se žádné lístky na daršan nevydávají. I bez nich odvádí letecký personál kvalitní práci.

Dějství třetí: Po daršanu vypadají cestující velmi šťastně a uvolněně; v klidu se vrací na svá místa. Nyní se do fronty staví celá posádka včetně pilota – i oni samozřejmě čekají, až přijdou na řadu. Každý dostane objetí, laskavá slova, nezapomenutelný úsměv a prasád (požehnaný dárek) v podobě bonbonu.

Dějství čtvrté: To samé se děje na zpáteční cestě.

Soucit a soucítění

Tazatel: Co je to skutečné soucítění?

Amma: Skutečné soucítění je schopnost vidět a vědět, co se odehrává. Jen ti, kteří mají tuto schopnost, mohou poskytnout opravdovou pomoc a podporu.

Tazatel: Co se odehrává za čím?

Amma: Za tělem a myslí, za vnějším projevem.

Tazatel: Ammo, jaký je tedy rozdíl mezi soucitem a soucítěním?

Amma: Soucítění je pomoc, které se nám dostane od skutečného duchovního mistra. Mistr vidí vše. Soucit naproti tomu představuje dočasnou pomoc, kterou získáte od okolních lidí. Soucit nedokáže vidět pod povrch věcí a za ně. Soucítění je skutečné pochopení s hlubším porozuměním člověku, dané situaci a tomu, co opravdu potřebuje. Soucit je více povrchní.

Tazatel: Jak mezi nimi rozlišovat?

Amma: To je těžké. Amma ti dá příklad. Nebývá neobvyklé, že chirurgové doporučují pacientům, aby druhý či třetí den po operaci vstali a chodili; i v případě těžších nemocí. Pokud to pacient odmítá, tak každý dobrý lékař, který si je vědom všech důsledků, bude pacienta nutit. Příbuzní nemocného, když vidí jeho bolest a boj, mohou poznamenat: „Ten doktor nemá kousek citu. Proč ho nutit k chůzi, když nechce? To je hloupost!"

Zde můžeme vidět, že postoj příbuzných představuje soucit, zatímco postoj lékaře soucítění. V tomto případě, kdo skutečně pomáhá pacientovi – lékař nebo příbuzní? Pacient si možná v duchu říká, „ten doktor je na nic. Nakonec co si myslí, že mi může něco nařizovat? Co o mně ví? Ať si říká, co chce, udělám si to po svém". Takové uvažování však nikomu nepomůže.

Tazatel: Může soucit ublížit?

Amma: Pokud nedáváme pozor a dáváme jej najevo, aniž bychom porozuměli subtilnějším aspektům dané situace a mentální konstituci člověka, pak ano. Je nebezpečné, když lidé přikládají soucitným projevům příliš velký důraz. Může se z toho stát i obsese; dotyčný si pak kolem sebe buduje svůj malý neprůstřelný svět a ztrácí svou rozlišovací schopnost. To jej může sice uklidnit, ale člověk pak nikdy nebude nucen vynaložit úsilí, aby se ze své aktuální situace dostal. Bez hlubšího porozumění se vydá špatným směrem.

Tazatel: Co to znamená „neprůstřelný svět"?

Amma: Amma tím myslí, že ztratíte schopnost jasně se na sebe podívat a zjistit, co se s vámi ve skutečnosti děje. Nekriticky budete přejímat názory druhých a slepě jim věřit, aniž byste správně rozlišovali.

Soucit představuje povrchní lásku bez pochopení skutečné příčiny problému. Soucítění je láska, která skutečnou příčinu problému zná a adekvátně tomu jedná.

Skutečná láska je
stav naprosté nebojácnosti

Tazatel: Jak vypadá opravdová láska?

Amma: Opravdová láska je stav naprosté nebojácnosti. Strach je jeden z hlavních znaků mysli. Proto strach a skutečná láska spolu nemohou existovat. Čím více se prohlubuje láska, tím menší máme strach.

Strach vyvstává, jen pokud se ztotožňujeme s tělem a myslí. Překročíme-li slabosti naší mysli a budeme-li žít v lásce, přiblížíme se Božskému stvoření. Čím více máme lásky, tím více se v nás projevuje Božství. Čím méně jí máme, tím více strachu zakoušíme a oddalujeme se od podstaty života. Nebojácnost je jedním z nejvýraznějších rysů člověka, který skutečně miluje.

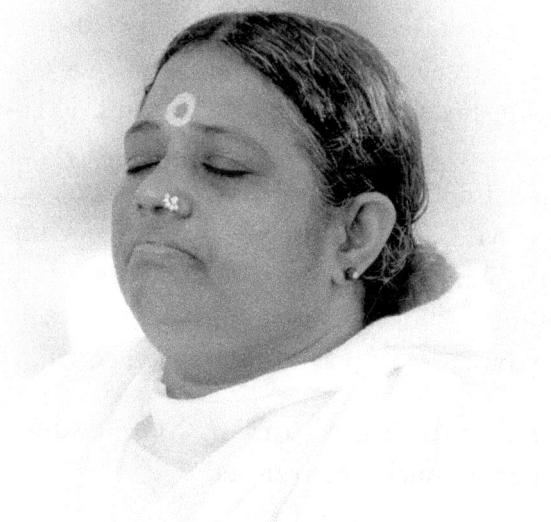

Přikázání

Tazatel: V duchovním životě se přikládá velká důležitost psychické očistě a dodržování mravních hodnot. V současnosti zejména v hnutích New Age však existují guruové, kteří tvrdí, že to není nutné. Jaký je váš názor?

Amma: Je pravda, že morální hodnoty hrají v duchovním životě významnou roli. Každá cesta, duchovní i neduchovní, má svá pravidla, která se mají dodržovat. Když nebudete tato pravidla následovat, jen velmi těžko dosáhnete žádaného výsledku. Čím jemnějšího charakteru je konečný výsledek, tím intenzivnější cesta k němu vede. Duchovní poznání je nejjemnější ze všech zkušeností, proto pravidla a požadavky, které vyžaduje, jsou přísné. Pacient nemůže jíst a pít cokoli, ale podle své anamnézy obdrží patřičnou dietu a režim. Pokud nebude pravidla dodržovat, léčba nebude úspěšná. Když pacient nespolupracuje, může svou nemoc i zhoršit. Je tedy opravdu moudré, když se pacient příliš ptá, zda skutečně musí režim dodržovat?

Existují hudebníci, kteří na svůj nástroj cvičí i osmnáct hodin denně, protože chtějí dosáhnout mistrovství. Ať už se zajímáme o jakoukoli oblast – o spiritualitu, vědu, politiku, sport nebo umění – naše úspěšnost bude záviset především na způsobu, kterým k tomu přistupujeme; dále na množství času, které svému cíli upřímně věnujeme a na tom, zda jsme schopni následovat základní požadovaná pravidla pro danou oblast.

Tazatel: To znamená, že čistá mysl je základní vlastnost, jak dosáhnout cíle duchovního života?

Amma: Může to být čistá mysl. Nebo láska, soucítění, schopnost odpouštět, trpělivost nebo vytrvalost. Vyberte si jednu vlastnost a snažte se ji s maximální vírou a optimizmem kultivovat; ostatní kvality budou následovat automaticky. Účelem je, abychom se dostali mimo omezení naší mysli.

Amma: obětování se světu

Tazatel: Co očekáváš od svých žáků?

Amma: Amma od nikoho nic neočekává. Svůj život odevzdala lidstvu. Jakmile se jednou odevzdáme, jak můžeme od někoho něco čekat? Veškerá očekávání pramení z ega.

Tazatel: Mluvíš však hodně o odevzdání se duchovnímu mistrovi. To není očekávání?

Amma: To je pravda. Amma o tom mluví často, ale nikoli proto, že od svých dětí očekává odevzdání, ale z toho důvodu, že je to sama podstata duchovního života. Guru svému žákovi dává úplně vše, co má. Dokonalý mistr je zcela odevzdaná bytost a přesně tuto skutečnost jeho přítomnost nabízí. Tomu také učí své žáky. Odevzdání je spontánní záležitost, kterou žák na základě své zralosti a porozumění buď přijme, nebo odmítne. Ať je žákův postoj jakýkoli, dokonalý učitel mu bude vždy jen dávat. Nemůže jinak.

Tazatel: Co se stane, když se žák mistrovi odevzdá?

Amma: Jako svíčka zažehlá od velké svíce se žák stane světlem, které povede ostatní. Žák se také stane duchovním mistrem.

Tazatel: V tomto procesu, co nejvíce pomáhá? Mistrova fyzická přítomnost nebo jeho duchovní vliv (Podstata)?

Amma: Obojí. Duchovní Podstata inspiruje žáka skrze formu učitele v podobě čisté lásky, soucítění a odevzdání.

Tazatel: Žák se tedy odevzdává fyzické formě učitele nebo jeho duchovní Podstatě?

Amma: Na začátku se jedná o odevzdání fyzické podobě, které končí odevzdáním duchovnímu principu, což se stane v okamžiku, kdy žák poznává svou Pravou Podstatu. I v počátečních stupních sádhany (duchovní praxe), kdy se žák odevzdává podobě mistra, se ve skutečnosti odevzdává duchovnímu principu, jen si toho není vědom.

Tazatel: Proč?

Amma: Protože žáci znají pouze tělo; duchovní princip pro ně představuje zcela neznámou věc.

Skutečný žák vždy uctívá mistrovu podobu. Vyjadřuje tím svou vděčnost, že mu mistr daroval milost a ukázal Cestu.

Mistrova podoba

Tazatel: Můžeš jednoduchým způsobem vysvětlit, jak je to s fyzickou formou dokonalého mistra?

Amma: Dokonalý mistr je obojím; formou i bez formy, jako čokoláda. V okamžiku, když si čokoládu dáte do pusy, tak se rozpustí, ztratí svou formu a stane se vaší součástí. Pokud skutečně přijmete mistrovo učení a učiníte jej součástí svého života, poznáte, že mistr je beztvarým nejvyšším vědomím.

Tazatel: Takže tě máme vlastně sníst?

Amma: Ano, pokud to zvládneš, pak Ammu sněz. Amma se velmi ráda stane potravou pro tvou duši.

Tazatel: Děkuji za příklad s čokoládou. To je velmi snadné pochopit, protože čokoládu mám velice rád.

Amma: (se smíchem). Ale dej pozor, ať se nezamiluješ. Protože to škodí zdraví.

Dokonalí žáci

Tazatel: Co člověk získá, stane-li se dokonalým žákem?

Amma: Stane se dokonalým učitelem.

Tazatel: Jak bys ses sama popsala?

Amma: Určitě ne jako něco.

Tazatel: A jak tedy?

Amma: Jako nic.

Tazatel: Znamená to jako vše?

Amma: To znamená, že Amma je stále v přítomnosti a k dispozici pro všechny.

Tazatel: „Všichni" – to jsou všichni ti, kteří za Tebou přichází?

Amma: „Všichni" znamená ti, kteří jsou otevření.

Tazatel: Znamená to, že nejsi k dispozici těm, kteří se neotevřou?

Amma: Má fyzická přítomnost je k dispozici všem, nezávisle na tom, zda mě přijmou či nikoli. Zkušenost však získají jen ti, kteří se dokážou otevřít. Jako květina. Ta kvete, ale její krásu a vůni zakusí jen ti, kteří jsou otevření. Člověk s ucpaným nosem nic neucítí. A tak ani uzavřené srdce nedokáže vnímat, co Amma nabízí.

Védanta a stvoření

azatel: Co se týče stvoření, existuje několik teorií, které si vzájemně odporují. Lidé, kteří jdou cestou bhakti (víry a lásky k Bohu) tvrdí, že svět je výtvorem Boha. Vyznavači filozofie Védanta naopak prohlašují, že vše je pouze výtvor myšlení a že tedy svět existuje jen, pokud existuje naše mysl. Kdo má pravdu?

Amma: Obě strany mají pravdu. Věřící vnímá svět jako výtvor Nejvyššího a stoupenec védánty vidí svět jako proměnlivé bytí, jehož základem je fundamentální princip Brahman. Pro védantince je svět projekcí mysli a pro věřícího je svět lílou (Boží hrou) jeho milovaného Boha. Zprvu to vypadá, že se jedná o dva odlišné pohledy, ale po hlubší analýze poznáme, že znamenají totéž. Jméno a forma jsou spojeny s myslí. Když mysl přestane existovat, zmizí jméno i tvar. Svět, čili stvořené, se skládá ze jmen a forem. Bůh či Stvořitel má smysl, jen pokud existuje stvořené. I Bůh má jméno a formu. Aby mohl vzniknout svět jmen a forem, potřebujeme mít adekvátní příčinu – tuto příčinu nazýváme Bohem.

Skutečná védánta je nejvyšším stupněm poznání. Nemyslím nyní védántu ve smyslu filozofických spisů nebo teorie, o kterých mluví hloubající filozofové. Mám na mysli védántu jako nejvyšší možnou zkušenost, jako způsob života a vyrovnanou mysl ve všech životních situacích.

To samozřejmě není snadné. Dokud člověk nepodstoupí vnitřní proměnu, pak uvedená zkušenost nenastane. Jedná se o naprostou transformaci intelektuálního i citového nazírání, díky kterému se mysl stane subtilnější, expanzivnější, silnější. Čím otevřenější a subtilnější bude myšlení, tím více se přiblíží tak zvanému „nemyšlení". Nakonec mysl zcela zmizí. Když mysl zmizí, kde je potom Bůh a kde svět či stvořené? To přirozeně neznamená, že vám svět zmizí před očima; změní se jen váš pohled a uvidíte Jednotu ve vší rozmanitosti.

Tazatel: Znamená to, že stav Boha je také iluze?

Amma: Ano, z nejvyššího úhlu pohledu je formální podoba Boha iluze. Toto poznání závisí však na hloubce vaší zkušenosti. Prohlášení tzv. filozofů, že formy bohů a bohyň nemají smysl, jsou nesprávná. Uvědomme si, že egoizmus na duchovní cestě nikdy nepomáhá, pomůže pouze skromnost.

Tazatel: Toto chápu, ale také jste zmínila, že z nejvyššího hlediska je formální podoba Boha iluze. Říkáte, že různé podoby bohů a bohyň jsou pouhou projekcí mysli?

Amma: Z nejvyššího hlediska ano. Cokoli zanikne, není skutečné. Veškeré formy, i formy bohů a bohyň mají začátek a konec. To, co se rodí a umírá, existuje na mentální úrovni a je spojené s procesy myšlení. A cokoli je spojené s myslí, je subjektem změny, protože probíhá v čase. Jediná neměnná pravda je to, co zůstává stále, tj. podstata mysli a intelektu. Tou je Átmán (duše), nejvyšší stav bytí.

Tazatel: Pokud podoby bohů a bohyň nejsou skutečné, proč se staví chrámy, kde se uctívají?

Amma: Ne, ne, nechápete to. Bohy a bohyně nemůžeme odmítat. Pro osoby, které se ztotožňují se svou myslí a které nedosáhly nejvyššího poznání, jsou tyto podoby skutečné a velmi žádoucí pro jejich duchovní růst. Mají obrovský význam.

Vládní systém se skládá z mnoha složek a ministerstev. Od prezidenta či premiéra směrem dolů existuje množství ministrů, dále pak množství úředníků, poradců a jiných představitelů včetně různých sekcí, komisí až po prodavačky v kantýně a uklízečky.

Dejme tomu, že něco potřebujete. Pokud máte možnost, půjdete přímo za prezidentem či předsedou vlády. Tím vše značně zjednodušíte. Ať je předmětem vaší žádosti cokoli, okamžitě se to bude řešit. Většina lidí ale tyto kontakty ani vliv nemá. Budou-li chtít něco vyřešit, musí absolvovat stanovenou proceduru – kontaktovat zástupce úředníků nebo nižší komise a někdy možná i tu uklízečku. Stejně tak my; pokud se stále nacházíme na fyzické úrovni bytí a ztotožňujeme s myslí a jejími myšlenkovými vzorci, musíme přijmout a poznat různé podoby Boha. V okamžiku, kdy dojde k přímému napojení na vnitřní zdroj čisté energie, ztrácí pro nás formální podoby Božství význam.

Tazatel: Filozofové védánty ale s tímto názorem většinou nesouhlasí.

Amma: Jaké filozofy máte na mysli? V knihách ležící filozof opakující náboženské texty jako cvičený papoušek či magnetofonová páska jistě souhlasit nebude, ale skutečný stoupenec védánty určitě. Stoupenec védánty, který neuznává svět a cestu bhakti jógy, není skutečným stoupencem védánty. Skutečná védánta je stav bytí, ve kterém uznáváme existenci světa a jeho různorodosti a zároveň vidíme jednu Pravdu, která onu různorodost prostupuje. Stoupenec védánty, který považuje cestu víry za podřadnější, není skutečným védantincem ani duchovním člověkem. Skuteční představitelé védánty nemohou provádět svou duchovní praxi bez lásky.

Tvar vám pomůže dojít k beztvarému; budete-li správně provádět duchovní praxi. *Saguna* (forma) je manifestací bezforemného (*nirguna*). Pokud někdo nedokáže pochopit tuto jasnou skutečnost, jak se může prohlašovat za stoupence védánty?

Tazatel: Říkáte, že věřící vidí svět jako Boží hru (líla). Co je to líla?

Amma: Jedná se o jednoslovnou definici stavu nejvyšší odpoutanosti. Nejvyšší stav pozorovatele (sakši) bez zastávání jakékoli autoritativní role, je znám jako líla. Pokud jsme zcela odpoutáni od mysli a jejích projekcí, jak můžeme mít nějakou připoutanost nebo zastávat nějakou roli? Pozorování všeho, co se děje uvnitř i vně bez zapojení se do děje, je velká legrace, úžasná hra.

Tazatel: Slyšeli jsme, že důvod, proč jste ukončila daršan v podobě Krišna Bhava, je ten, že jste byla ve stavu, který nyní popisujete?

Amma: To byl jeden z důvodů. Krišna byl zcela odpoutaný. Aktivně se podílel na všem, ale zůstával činností zcela nedotčen; vnitřně vzdálený od všeho, co se kolem něj dělo. Krišnův neustálý blažený úsměv symbolizuje právě tuto odpoutanost.

Během daršanu Krišna Bhava, i když jsem poslouchala problémy všech lidí, kteří přicházeli, tak jsem se vůči nim chovala vždy s větší mírou hravosti i odstupu. V tomto stavu nebyla ani láska ani ne-láska, ani soucítění či ne-soucítění. Mateřská láska a zájem, které jsou nutné k tomu, abyste chápal pocity druhých a dovedl vyjádřit svou hlubší spoluúčast na jejich problémech, tam nebyly. Jednalo se o stav za těmito projevy. Pak jsem pochopila, že věřícím tento stav nemůže příliš pomoci – proto se na ně dívám jako na své děti, které mám ráda a starám se o ně jako jejich matka.

„Jste šťastní?"

Tazatel: Slyšel jsem, že se při daršanu ptáte těch, kteří za Vámi přichází, zda jsou šťastní. Proč?

Amma: To je jako pozvánka k tomu, aby byli šťastní. Jsi-li šťastný, jsi otevřený a v tomto stavu dokážeš přijímat Boží lásku či šakti (Boží energii). Proto říkám lidem, aby byli šťastní a mohla v nich proudit Boží energie. Jste-li šťastní, otevření a receptivní, dokážete přijímat více štěstí. Když jste nešťastný, pak se uzavřete a vše ztrácíte. Šťastný je ten, kdo je otevřený. Otevřenost nutí Boha, aby k vám přišel. Jakmile jej poznáte uvnitř sebe sama, můžete být jenom šťastní.

Velký příklad

V den, kdy jsme přijeli do Santa Fé, tak mrholilo. „To je v Santa Fé běžné," prohlásil hostitel z Amma Center of New Mexico. „Po dlouhém období sucha přijede Amma... a prší."

Když jsme zastavili před hostitelovým domem, byla již tma. Amma vystupovala z auta poněkud pomaleji než obvykle. Jakmile stoupla na zem, hostitel jí ihned nabídl sandály. Poté prošel kolem přední části vozu směrem k domu, doufaje, že půjde za ním. Po několika krocích směrem k přední straně vozu se Amma zastavila a prohlásila: „Nechci jít kolem přední strany auta. Předek vozu je jako obličej. To se nesluší, nepůjdu předem." Obrátila se a k hostitelovu domu zamířila podél zadní strany auta. Nestalo se tak poprvé. Amma chodí tímto způsobem pokaždé, když vystupuje z auta.

Nenajdeme snad větší příklad toho, že její srdce objímá vše – i neživé předměty.

Vztahy

Při daršanu se na mne obrátil jeden člověk se slovy: *„Prosím, zeptejte se Ammy, jestli nemám přestat chodit na rande a zaplétat se do mileneckých vztahů?"*

Amma: (s šibalským úsměvem) Co se stalo, tvá přítelkyně utekla s jiným?

Tazatel: (dost překvapeně) Jak to víš?

Amma: Jednoduše – to je jeden z životních okamžiků, kdy člověka napadají tyto myšlenky.

Tazatel: Já žárlím, že má přítelkyně má nadále vztah se svým bývalým přítelem.

Amma: Proto tedy chceš přestat chodit na rande a skoncovat se všemi vztahovými záležitostmi?

Tazatel: Mám toho dost. Jsem znechucen, že se mi v životě děje stále to samé. Co je moc, to je moc. Nyní chci mít klid a soustředit se na svou duchovní praxi.

Amma se již dále nedotazovala a pokračovala v dávání daršanu. Po chvíli se mě ten člověk opět zeptal: „Myslíte, že by Amma měla pro mě nějakou radu?"

Amma: Měla jsem pocit, že ses již rozhodl. Neříkal jsi, že máš podobných věcí plné zuby, chceš vést klidný život a soustředit se na duchovní praxi? To zní jako rozumné rozhodnutí. Jen do toho.

Muž zůstal nějaký čas zticha, ale vypadal poněkud neklidně. V jeden okamžik se na něj Amma zadívala. V jejím pohledu a úsměvu jsem spatřil podobu velkého mistra třímající v ruce legendární hromoklín, kterým hodlá něco rozvířit a vynést na povrch.

Tazatel: To znamená, že Amma už nemá nic, co by mi řekla.

Najednou se onen ubohý muž rozplakal.

Amma: (utírajíc mu slzy) Tak, přestaň a pověz, jaký máš skutečný problém? Neboj, vše mi řekni.

Tazatel: Před rokem jsem ji poznal na jednom z tvých programů. Když jsme se vzájemně zadívali do očí, věděli jsme, že jsme si souzeni. Tak to začalo. A teď, z ničeho nic, ten člověk – její bývalý přítel – se mezi nás dostal. Říká, že je to jen kamarád, ale v určitých situacích o tom silně pochybuju.

Amma: Proč si myslíš, že tomu tak není, když ona tvrdí, že ano?

Tazatel: Teď se má situace následovně: jsme tu nyní všichni, my dva i její přítel, všichni jsme přišli za tebou. Ona s ním ale tráví víc času než se mnou. A mě to štve. Nevím, co mám dělat. Dostává mě to do deprese. Je těžké soustředit se na tebe, což je důvod, proč jsem tady. Má meditace není tak intenzivní jako dříve a nemůžu ani v klidu spát.

Amma: (z legrace) Víš co? Možná jí lichotí a říká jí, „ty, miláčku, poslyš, jsi ta nejkrásnější žena na světě. Po tom, co jsem tě potkal, už nemůžu myslet na žádnou jinou." Vyjadřuje jí asi víc lásky, nechává ji hodně mluvit, a když se mu něco nelíbí, tak pravděpodobně mlčí. A hlavně jí kupuje plno čokolády... A na tebe se patrně dívá jako na moulu, který ji vyhledává, jen aby se mohl hádat.

Když Amma domluvila, tak se muž a všichni kolem hlasitě rozesmáli. Muž pak přiznal, že se většinou chová tak, jak bylo řečeno.

Amma: (hladíce jej po zádech) Cítíš k ní hodně vzteku a nenávisti?

Tazatel: Ano, cítím. Ale naštvaný jsem více na něho. Má mysl nemá chvíli klid.

Amma se dotkla jeho dlaně. Byla velmi horká.

Amma: Kde je teď?

Tazatel: Někde nedaleko.

Amma: (anglicky) Běž a promluv si s ní.

Tazatel: Teď?

Amma: (anglicky) Ano, teď.

Tazatel: Nevím, kde je.

Amma: Běž ji najít.

Tazatel: Ano, už jdu. Nejdřív ale musím najít jeho, protože budou spolu. Jedno mi však řekni, mám v tom vztahu pokračovat nebo ho ukončit? Myslíš, že náš vztah má budoucnost?

Amma: Podívej, je mi jasné, že jsi ke své přítelkyni stále připoután. Nejdůležitější je, abys sám poznal, že pocit, který cítíš, není láska, ale připoutanost. Pouze toto poznání ti pomůže dostat se z nepříjemného mentálního stavu, který nyní prožíváš. Ať již vztah zachráníš nebo ne, pokud se nenaučíš jasně rozlišit mezi připoutaností a láskou, budeš vždy trpět.

Povím ti jeden příběh. Jeden vysoký úředník se rozhodl, že navštíví ústav pro duševně choré. Jeden z lékařů ho vzal na prohlídku oddělení. Na jednom pokoji viděli pacienta, který se stále kýval na židli a opakoval slovo „Pumpum... Pumpum... Pumpum". Úředník se zeptal, čím pacient trpí a je-li nějaká spojitost mezi jeho onemocněním a tím, co říká. Lékař odpověděl: „To je smutný příběh. Pumpum byla dívka, kterou kdysi miloval. Dala mu košem a utekla s jiným. Ten člověk se z toho zbláznil."

„Ubohý muž," poznamenal úředník a šel dál. Najednou se na jeho tváři objevil překvapený výraz. V dalším pokoji totiž uviděl jiného pacienta, který také stále opakoval „Pumpum... Pumpum... Pumpum..." a tloukl hlavou do zdi. Nejistě se zeptal lékaře, „o co se jedná, pane doktore? Jak to že tento muž opakuje to samé? Souvisí to nějak?"

„Ano, souvisí," odpověděl lékař. „Toto je člověk, který se s Pumpum nakonec oženil."

Muž vybuchl smíchy.

Amma: Uvědom si – láska je jako když rozkvétá květina. Nemůžeš ji otevřít násilím. Pokud to uděláš, všechna krása a vůně přijde v niveč; ty a ani nikdo jiný z ní nebude mít radost. Když ji necháš, aby se rozvila sama, budeš moci obdivovat krásnou vůni i barevný květ. Neztrácej trpělivost a pozoruj sám sebe. Buď jako zrcadlo a snaž se zjistit, co a jak děláš špatně.

Tazatel: Mám pocit, že moje žárlivost a vztek skončí, jen když se ožením s Bohem.

Amma: Ano, to říkáš správně. Ožeň se s Nejvyšším. Jedině sjednocení s duchovní pravdou ti pomůže dostat se za projevený svět a najít skutečnou radost a klid.

Tazatel: Pomůžeš mi s tím?

Amma: Má pomoc je stále k dispozici. Musíš to jen poznat a přijmout.

Tazatel: Moc ti děkuji, právě jsi mi velice pomohla.

Co dělá skutečný mistr?

Tazatel: Jak skutečný duchovní mistr (satguru) pracuje se žákem?

Amma: Satguru žákovi pomáhá uvidět jeho vlastní slabosti.

Tazatel: A jak to žákovi pomáhá?

Amma: Něco opravdu uvidět, znamená to rozpoznat a přijmout. Když si žák uvědomí svou slabost, je pro něj jednodušší se jí zbavit.

Tazatel: Když mluvíš o „slabostech", máš na mysli ego?

Amma: Vztek je slabost; žárlivost je slabost, stejně tak nenávist, sobectví a strach. Kořenem všech těchto slabostí je ego. Mysl se všemi jejími omezeními a slabostmi je označována jako ego.

Tazatel: Takže říkáš, že základním úkolem duchovního mistra je práce s žákovým egem.

Amma: Úkolem mistra je pomoci žákovi uvědomit si, že ego je jen bezvýznamný jev. Ego je jako plamen, jehož svit je závislý na oleji z malé pozemské lampičky.

Tazatel: Proč je tak důležité poznat bezvýznamný charakter ega?

Amma: Protože na egu není ani nic nového ani nic důležitého. Když máme k dispozici světlo ze slunce, proč bychom se měli starat o malý plamének, který může kdykoli zhasnout?

Tazatel: Mohla bys to vysvětlit trochu podrobněji?

Amma: Jsi celek, Božství. Ve srovnání s tím je ego jen malý plamen. Duchovní mistr na jedné straně odstraní ego a vzápětí ti pomůže uvidět sebe jako celek. Z postavení žebráka tě pozdvihne na úroveň vládce, který vládne celému vesmíru. Z člověka, který jen bral, vytvoří bytost, která bude jen dávat; všem, kteří za ním přijdou, bude dávat vše.

Činnost osvíceného člověka

Tazatel: Je pravda, že cokoli osvícená bytost dělá, má nějaký význam?

Amma: Je lepší říci, že vše, co osvícená bytost dělá, má vyšší smysl. Smysl, který poukazuje na vyšší princip života. Tento smysl mají i zdánlivě bezvýznamné věci, které můžeme u těchto bytostí pozorovat.

Kdysi žil jeden osvícený muž, který nedělal od rána do večera nic jiného, než že valil těžké balvany na vrchol hory. Za celý život to byla jeho jediná činnost. Nikdy se nenudil ani si nestěžoval.

Lidé si mysleli, že je to blázen, ale nebyl. Někdy mu trvalo několik hodin i celý den než jednou rukou dovalil balvan na vrchol hory. Když se mu to povedlo, koulel balvan zpět dolů. Když viděl, jak se kámen valí z vrcholu k úpatí hory, smál se a tleskal rukama jako malé dítě.

Pokrok v jakémkoli oboru naší činnosti vyžaduje spoustu odvahy a energie, ale často to netrvá ani okamžik a vše, co jsme získali tvrdou prací, je ztraceno. Týká se to i našich schopností. Tento osvícený muž nebyl nikterak připoutaný k velkému úsilí, které musel vyvinout, aby dovalil kámen na vrchol hory. Proto se mohl smát jako malé dítě – smíchem naprosté odpoutanosti. Možná že právě toto chtěl ukázat ostatním.

Činy osvícených bytostí bývají často subjektem našeho hodnocení. Děje se tak proto, že naše mysl postrádá nezbytné rozlišování, které by umožnilo vidět pod povrch věcí. Lidé mají různé představy a pravý duchovní mistr nemůže splnit očekávání všech.

91

Objetí probouzí

Tazatel: Kdyby ti někdo řekl, že zvládne dělat to samé jako ty – tj. objímat ostatní – co bys mu odpověděla? Amma: To by bylo krásné. Svět potřebuje více těch, kteří umí soucítit. Pokud by se našel někdo, kdo by objímání, lásku a soucítění s lidmi dokázal vidět jako svůj životní úkol (dharmu), byla bych velice ráda. Není totiž možné, abych sama zvládla obejmout celé lidstvo. Skutečná máma však nikdy nemluví o tom, jak se pro své děti obětuje.

Tazatel: Co se děje, když objímáš lidi?

Amma: Když je obejmu, nejde pouze o fyzický kontakt. Láska, kterou cítím k celému stvoření, pronikne ke každému člověku, který za mnou přijde. Čisté vibrace lásky mají schopnost člověka očistit a pomoci mu ve vnitřním probuzení a duchovním růstu.

V dnešním světě jak muži, tak ženy potřebují získat více mateřských vlastností. Mé objetí pomáhá, aby si lidé tuto všeobecnou potřebu uvědomili.

Láska je jediný jazyk, kterému rozumí každá živá bytost. Je univerzální. Láska, mír, meditace a osvobození (*mokša*) jsou všechny univerzální.

Jak proměnit svět v Boha

Tazatel: Mám rodinu, což je spojeno s velkou odpovědností a mnohými povinnostmi. Jak správně mám postupovat?

Amma: Je jedno, zda máš rodinu nebo jsi mnichem, nejdůležitější je to, jak se stavíš k životu a ke zkušenostem, které přináší. Budeš-li pozitivně naladěn a otevřen ke všemu, s čím se setkáš, ucítíš Boží přítomnost všude. Svět se promění v Boha a ty Jej budeš vnímat každým okamžikem. Negativní postoj ale přinese výsledek opačný – život s démony. Poznání vlastní mysli, jejích nižších sklonů a především snaha o jejich překročení, by mělo být předmětem zájmu každého upřímného žáka.

Za jedním mudrcem kdysi přišli s otázkou: „Svatý muži, jste si jistý, že po smrti půjdete do nebe?"

Mudrc odvětil: „Ano, samozřejmě."

„Jak to ale můžete vědět? Ještě jste neumřel a nevíte, co s vámi Bůh zamýšlí."

„Podívejte, je pravda, že nemám tušení, co se mnou Bůh zamýšlí, ale znám dobře svou vlastní mysl. Jsem šťasten všude a za všech okolností. Proto, i kdybych se ocitl v pekle, budu v klidu a šťasten i tam," odpověděl mudrc.

Takové štěstí představuje nebe. Vše závisí na tvé mysli.

Síla slov Ammy

Podobnou zkušenost jsem neměl jednou, ale snad stokrát. Někdo za mnou přijde s otázkou nebo vážným problémem. Pokusím se mu velmi logicky a detailně odpovědět a problém vyřešit.

Ten člověk poté velmi srdečně poděkuje a odejde, navenek spokojený s mou odpovědí, což pozoruji s nepatrným pocitem hrdosti. Za chvíli však ten samý člověk jde za jiným Swamim a zeptá se na to samé – dává tak jasně najevo, že má odpověď nebyla zcela uspokojivá. Dotyčný svůj problém nevyřešil.

Nakonec jde za Ammou. Ta mu odpoví stejným způsobem. Tím mám na mysli stejnými slovy, někdy použije i stejné příklady.

Dotyčný se okamžitě změní. Jeho pochyby, strach a trápení zmizí a celý obličej se rozzáří štěstím. Je to markantní rozdíl. Pak si vždy v duchu říkám, co je jinak; Amma neřekla nic nového, ale dopad jejích slov je neuvěřitelný.

Podívejme se na následující příklad: Když Amma na retreatu pomáhala s výdejem oběda, přišla za mnou jedna indická lékařka, která dvacet pět let žije v USA. Chtěla mluvit se mnou nebo nějakým Swamim. Vyprávěla mi dojemný příběh. Před mnoha lety se její manžel vydal na pouť k hoře Kailás v Himalájích. Dostal tam srdeční záchvat a na místě zemřel. Žena se s tím nedokázala vyrovnat a říkala, jak moc se na Boha zlobí. Bůh je z jejího pohledu bezcitný. Poslouchal jsem její vyprávění s největším soucítěním, jakého jsem byl schopen.

Mluvil jsem o duchovních aspektech smrti, použil jsem mnoho příkladů, o kterých hovoří Amma, a nakonec jsem ženě řekl, že její muž měl veliké štěstí, že zemřel na místě zasvěceném Šivovi. „Měl krásnou smrt," ubezpečil jsem ji.

Ta žena, když odcházela, řekla: „Velmi vám děkuji, ale stále cítím velkou bolest."

Další den ráno přišla na daršan. Ještě než jsem stačil zmínit její příběh, Amma se jí zadívala hluboce do očí a anglicky se zeptala, „Smutná?"

Evidentně její hluboký smutek cítila. Když jsem zmínil ženin příběh, velmi pevně ji objala. Za chvíli se jí opět dlouze zadívala do očí a řekla: „Smrtí život nekončí; není to úplný konec. Smrt je začátek nového života. Váš manžel měl velké štěstí. Vidím ho, je šťastný a plný míru. Proto nebuďte nešťastná."

Žena přestala naříkat a z jejího obličeje zmizelo napětí.

Ten večer jsem ji potkal ještě jednou. Vypadala, jakoby jí ze srdce spadl těžký kámen. Říkala, že cítí velký vnitřní klid a požehnání. Velice se divila, jak ji Amma mohla celé bolesti tak rychle zbavit.

Později, když jsem o tom přemýšlel, jsem se Ammy zeptal, jak mohou její slova působit v lidech tak velkou proměnu; proč tomu tak není, když mluvíme my?

„Protože jste se oženili se světem a odloučili od Boha."

„Má mysl by potřebovala ještě další vysvětlení. Můžu poprosit o trochu podrobnější výklad?"

„Svatba se světem znamená identifikaci s myslí, což vede k připoutanosti k projevenému světu a jeho objektům. Tím jsi automaticky oddělen nebo odloučen od své vnitřní Boží podstaty."

„Je to jako stav hypnózy. Jakmile se z ní probereme, tj. oprostíme od mysli, nastane vnitřní odloučení. V tomto stavu budeš stále fungovat v běžném životě, ale tvá vnitřní svatba nebo sjednocení s Bohem ti umožní vidět neskutečnou, pomíjivou povahu běžného života. Proto zůstaneš odpoután a nic se tě nedotkne. Svět ani jeho objekty už tě nehypnotizují. Tento stav je sám o sobě nejvyšším stavem duchovní realizace. Jde o to, abychom poznali, že sjednocení či sňatek se světem, není skutečný. Pravdu poznáme tehdy, když se vnitřně znovu spojíme s Bohem a navždy tak zůstaneme. Gopi z Vrindávanu (manželky pasáků krav) se považovaly za manželky Krišny. Vnitřně se za něj provdaly, tj. sjednotily se s Bohem a zůstaly odloučené od světa.

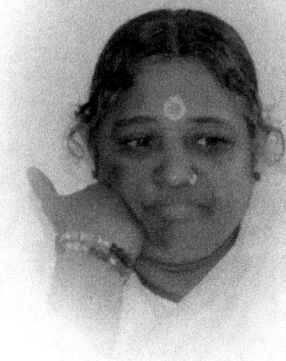

Vědci a svatí

K člověku, který položil otázku týkající se nevěřících

Amma: Nevěříme snad vědcům, když mluví o měsíci a Marsu? Kolik z nás je schopno dokázat, zda mluví pravdu? Přesto vědeckým astronomickým závěrům věříme, že? Svatí lidé a dávní mudrci prováděli také pokusy - ve svých vnitřních laboratořích - a poznali Nejvyšší Pravdu, která je podstatou celého vesmíru. Stejně jako věříme vědcům, když mluví o věcech, které jsou nám zcela cizí, tak bychom měli mít důvěru ve slova velkých mistrů, kteří mluví o Pravdě, kterou zažívají.

Jak se vymanit ze zajetí myšlenek?

Tazatel: Mám pocit, že mé myšlenky nemají konce. Čím více meditujeme, tím je jich víc. Proč je tomu tak? Jak lze tyto myšlenky odstranit a dostat se za ně?

Amma: Myšlenky, které tvoří mysl, jsou ve skutečnosti nehybné. Sílu k pohybu jim dává Átmán. Naše myšlenky jsou naším výtvorem. Tím, že je přijímáme, potvrzujeme jejich skutečnost. Jakmile jim přestaneme přikyvovat, zmizí. Bedlivě myšlenky pozorujte, aniž byste je hodnotil. Pak uvidíte, že se postupně vytrácí.

Mysl sbírala myšlenky a přání velmi dlouhou dobu – v mnoha zrozeních. Veškeré její pocity jsou hluboce uloženy. Co vidíte nebo zakoušíte na povrchu mysli, je jen malá část všech skrytých vrstev ležících uvnitř. Jakmile se snažíte mysl ztišit meditací, tyto myšlenky budou pomalu vystupovat na povrch. Jako byste umývali podlahu, kterou léta nikdo nezametl. Když začneme, tak čím více ji myjeme, tím více špíny se dostává na povrch. Byla tam zažraná totiž mnoho let.

S myslí je to podobné – dříve jsme si nikdy neuvědomovali, které myšlenky se nám honí hlavou. Jako špinavá podlaha i naše mysl sbírala různá přání, myšlenky a pocity hodně dlouho. My jsme si vědomi pouze těch na povrchu. Hlouběji však leží bezpočet vrstev. Je to jako s podlahou, čím více ji drhneme, tím více špíny se objeví. Když se naše meditace prohloubí, skryté myšlenky a emoce vystoupí na povrch. Čistěte tedy dál a myšlenky zmizí.

To, že se myšlenky objevují, je již samo o sobě úspěch. Jakmile je uvidíte a rozpoznáte, je snazší se jich zbavit. Neztrácejte trpělivost. Buďte vytrvalí a pokračujte ve své duchovní praxi (*sádhaně*). Časem získáte sílu, abyste se dostali za ně.

Násilí, válka a řešení

Tazatel: Co mohou lidé dělat, aby zabránili válkám a utrpení?

Amma: Měli by kultivovat větší soucítění a moudrost.

Tazatel: To ale nevypadá jako rychlé řešení.

Amma: Okamžité a bezprostřední řešení není možné. Vytvoření časově omezeného plánu také většinou nefunguje.

Tazatel: Přesně to však chtějí všichni lidé přející si mír. Chtějí bezprostřední řešení.

Amma: To je dobře. Touha nalézt rychlé řešení by měla růst s takovou intenzitou, až se promění v silné vnitřní pnutí. Toto silné pnutí představuje jediný způsob, jak přijít na bezprostřední řešení.

Tazatel: Mnoho spirituálně zaměřených lidí si myslí, že násilí ve válkách je manifestací násilí, které cítíme uvnitř. Jaký je váš názor?

Amma: To je pravda. Je nutné ale pochopit jednu věc; nejen násilí je součástí lidské mysli, ale i mír a láska. A pokud lidé skutečně chtějí, mohou nalézt mír jak vně, tak uvnitř. Proč se lidé více soustředí na agresivní a destruktivní aspekt mysli? Proč úplně přehlíží nekonečné soucítění a pokročilé stavy tvořivosti, které může ta samá mysl dosáhnout?

100

Dalo by se říci, že všechny války nejsou nic jiného než touha mysli vyjádřit vnitřní násilí. Mysl v sobě obsahuje primitivní a nevyvinutý aspekt a válka je jeho výsledkem. Touha po válce ukazuje, že jsme z primitivního aspektu mysli ještě nevyrostli. Dokud se tak nestane, války a konflikty ve společnosti neskončí. Vhodným a rozumným řešením, jak přistupovat k otázkám válečných konfliktů, je snaha najít a implementovat inteligentní způsob, jak překročit nižší tendence naší mysli.

Tazatel: Tím řešením je spiritualita?

Amma: Ano, řešením je spiritualita – proměna našeho myšlenkového procesu a překročení duševních slabostí a omezení.

Tazatel: Myslíte, že s tím budou souhlasit lidé všech vyznání?

Amma: Budou nebo nebudou, je to pravda. Současná situace se změní jen za předpokladu, že náboženští představitelé začnou poukazovat na spirituální principy svých náboženství.

Tazatel: Myslíte si, že základním principem všech náboženství je spiritualita?

Amma: Nemyslím, jsem o tom pevně přesvědčena - je to skutečnost. Náboženství a jeho nejdůležitější principy zůstávají nepochopeny. Lze říci, že zde dochází k dezinterpretaci. Každé náboženství světa má dvě stránky: vnější a vnitřní. Vnější stránku představuje filozofie či intelektuální část a vnitřní stránka je spiritualita. Všichni, kdo se příliš soustředí na vnější část, se mýlí. Náboženství jsou jako značky. Ukazují na cíl, a tím cílem je spirituální poznání. Abychom je dosáhli, musíme značky, tj. slova, překročit.

Dejme tomu, že se chcete dostat na druhý břeh. K tomu musíte použít přívoz. Jakmile doplujete na druhý břeh, musíte z něj vystoupit. Když ale neústupně prohlásíte, že vystupovat nehodláte, protože máte k lodi velmi silný vztah, nikam se nedostanete. Náboženství je takovým přívozem. Použijte je na překročení všech nesprávných představ o životě. Pokud to nepochopíte a neuvedete v praxi, nezískáte skutečný klid, uvnitř ani vně.

Náboženství představuje tzv. plot, který chrání malou sazenici před zvířaty. Když z rostliny vyroste strom, plot přeroste a nebude ho potřebovat. Můžeme tedy říci, že náboženství je jako plot a duchovní poznání jako strom.

Někdo ukáže prstem na ovoce visící na stromě. Podíváte se na konec prstu a pak za něj. Dokud vaše oči nespočinou v místě za prstem, ovoce nezískáte. V dnešním světě většina náboženských lidí postrádá právě ono ovoce. Jsou velmi připoutáni a mnohdy až nezdravě ke konci prstů – ke slovům a vnější podobě náboženství.

Tazatel: Myslíte si, že lidé v současné společnosti si tento paradox dostatečně uvědomují?

Amma: Probíhá mnoho úsilí, aby se situace zlepšila. Nevědomost je ale dost silná, a proto bychom se měli probudit a více pracovat. Samozřejmě existují jednotlivci a organizace, které toto povědomí vytvářejí. Mírové konference a projevy však situaci neřeší. Skutečné pochopení vzniká jako výsledek meditativního způsobu života. Jedná se o změnu, která musí proběhnout uvnitř. Tento bod by měly zdůrazňovat všechny organizace a jednotlivci, kteří se aktivně zabývají otázkou nastolení světového míru – mír není výsledek intelektuálního cvičení. Mír je pocit či tzv. vnitřní proměna, která je výsledkem nasměrování naší energie správným směrem. To provádí meditace.

Tazatel: Jak byste popsala současný stav ve světě?

Amma: V děloze matky vypadá lidský plod v počátečním stádiu jako ryba. Na konci se blíží podobě opice. I když tvrdíme, že jsme civilizované bytosti, které dosáhly mnoho úspěchů na poli vědy a techniky, mnoho našich činů ukazuje, že se vnitřně nalézáme spíše v posledním stádiu plodu.

Samozřejmě, že lidská mysl je na mnohem vyšším evolučním stupni než mysl opice. Opice dokáže skákat jen z jedné větve na druhou nebo z jednoho stromu na druhý, zatímco opičí mysl člověka zvládne mnohem větší skoky. Může přeskočit kamkoli se jí zachce, na měsíc, na vrchol Himalájí, z přítomnosti do minulosti nebo budoucnosti.

Konec utrpení a mír přinese jedině vnitřní proměna založená na spirituálním porozumění. Většina lidí se ale změnit nechce; jejich heslem je, „změním se jen tehdy, až se změní ostatní", jenže to nikam nevede. Pokud se nejprve změníte vy, druzí se změní automaticky.

Kristus a křesťanství

Tazatel: Od narození jsem křesťanka. Mám ráda Krista, ale i Ammu. Považuji tě za svého duchovního učitele. Je tu však jeden problém; mám dva syny a oba jsou zapřisáhlí stoupenci církve a Ježíše a v nic jiného nevěří. Stále mi opakují, jak jsou smutní, protože půjdu do pekla – nenásleduji prý Krista. Zkouším s nimi mluvit, ale nechtějí mě vyslyšet. Co mám dělat?

Amma: Jejich víru v Krista plně chápu a mám z ní velkou radost. Zároveň si velice vážím všech, kteří hluboce věří ve své náboženství a svého Boha. Je však zcela nesprávné a nelogické stanovisko, když prohlašují, že ti, kteří v Krista nevěří, skončí v pekle. Když Ježíš říkal „milujte své bližní jako sebe sama", nemyslel tím „milujte jen křesťanské bližní", je to tak? Prohlášení, že všichni kromě křesťanů půjdou do pekla, je egoistickým tvrzením, které poukazuje na naprostý nedostatek lásky k druhým. Je to lež a lhaní je proti Bohu. Život v Bohu nebo v Boží přítomnosti spočívá ve schopnosti přijmout Pravdu, protože Bůh je jejím symbolem. Bůh není sobecký, ale miluje všechny bytosti.

Tvrzení „vy všichni půjdete do pekla, protože nenásledujete Krista" ukazuje rovněž na nedostatek úcty a lásky ke zbytku lidstva. Postoj, který dává najevo, že všichni velcí mudrci, svatí lidé a miliony lidí, kteří žili před narozením Krista, skončí v pekle, je nelidský a sobecký. Prohlašují tito lidé snad, že existence Boha je známá jen 2000 let a že dříve neexistoval? Toto prohlášení Boží existenci popírá, protože Bůh je všudypřítomný; mimo prostor a čas.

Ježíš byl Bohem v lidské podobě. S tímto nemám naprosto žádný problém. To ale neznamená, že ostatní velké osobnosti před a po Kristu nebyli Boží inkarnací (*Avatár*) či nedokázali zachránit ty, kteří v ně věřili. Neříkal Kristus, „království Boží je ve vás"? To je velmi jednoduché a přímé tvrzení. Co znamená? Znamená to, že Bůh existuje uvnitř člověka. Existuje-li ve vás nebe, tak ve vás existuje i peklo. Vše závisí na vaší mysli, která je velmi schopným nástrojem. Díky ní dokážeme vytvořit peklo i nebe.

Všechny Boží inkarnace včetně Krista velmi zdůrazňovaly lásku a soucítění. Láska a soucítění jsou základními principy všech skutečných náboženství a podstatou všech vyznání. Dokud neuznáme existenci čistého vědomí jako základního principu všeho stvořeného, nemůžeme s nikým soucítit ani ho milovat. Řeknu-li „budu tě mít rád, jenom jsi-li křesťanem," dávám najevo, že vědomí mají pouze křesťané a ostatní jsou necitlivé objekty. Popřením vědomí tedy popírám existenci lásky a pravdy.

Co se týče tvé osobní situace, myslím, že nebude snadné přesvědčit tvé děti, aby se změnily. Není to ani nutné. Ponech jim jejich víru. Ty se řiď svým srdcem a dělej to, co je podle tebe správné. Nejdůležitější ze všeho je to, co cítíš v hloubi svého srdce.

Můžeš být dobrým křesťanem, hinduistou, buddhistou, židem nebo muslimem, ale nikdy neztrácej svou rozlišovací schopnost a dávej pozor na fanatizmus.

Uvedení do mantry

J eden mladý muž, křesťan, požádal o mantru. Amma se zeptala, ke komu se modlí.

„To závisí na vás. Koho mi vyberete, toho jméno budu opakovat," odpověděl mladík.

„Ne," odvětila Amma, „vím, že jste se narodil a byl vychován jako křesťan, takže tato samskára (převládající tendence z předchozích životů) je ve vás silně zakořeněna."

Po chvíli zamyšlení muž řekl, „když tedy chcete, abych si vybral podobu Boha, pak mi dejte mantru bohyně Kálí."

Amma mile odmítla a řekla, „podívejte, vím, že mi chcete udělat radost. Mně je však jedno, zda budete opakovat mantru Kálí nebo Krista. Buďte upřímný sám k sobě a řekněte mi to. To mi udělá největší radost."

„Ano, ale já opakoval *Mritjundžaja* mantru a další hinduistické modlitby," opakoval mladík ve snaze Ammu přesvědčit.

„To je pravda, vy ale musíte opakovat křesťanskou mantru, protože to je vaše převládající samskára. Budete-li používat jinou, bude to z dlouhodobého hlediska obtížné. Objeví se vám mnoho protichůdných myšlenek."

Mladý muž však trval na svém. Chtěl, aby mu Amma vybrala mantru sama nebo mu dala mantru bohyně Kálí. Amma tedy odpověděla, „Dobře, ale udělejte jednu věc – chvíli si sedněte a meditujte. Potom se uvidí."

Za několik minut, když mladík přestal meditovat, se ho Amma zeptala, jak to nyní s jeho Bohem vypadá. On se ale jenom usmíval. „Kristus, že jo?" zeptala se Amma. „Ano, měla jste pravdu, nikoli já," odvětil mladý muž.

„Podívejte, osobně nevidím žádný rozdíl mezi Kristem, Krišnou nebo Kálí. Vy možná vědomě také ne, ale ve vašem podvědomí tento rozdíl existuje. Chtěla jsem, abyste to uviděl a pochopil. Proto jste měl meditovat."

Mladík vypadal šťastně a Amma mu dala křesťanskou mantru.

Pomýlení hledající a cesta ven

Tazatel: Jsou lidé, kteří dlouhou dobu prováděli intenzivní duchovní praxi, ale stále se mýlí. Někteří dokonce tvrdí, že došli na konec cesty. Jak jim lze pomoci?

Amma: Jak jim lze pomoci, když neví, že to potřebují? Abychom se dostali z našich mylných představ, musíme si nejprve uvědomit, že jsou mylné. To je zcela jiný duševní stav. Tito lidé jsou o svých představách přesvědčeni a je pro ně obtížné přijmout pravdu. Je-li člověk úplně bez egoizmu, může tvrdit něco takového jako oni?

Tazatel: Co je dovedlo k jejich mylným konceptům?

Amma: Nesprávná představa o spiritualitě a átmavičaře (dotazování na svou Podstatu).

Tazatel: Může jim někdo pomoci?

Amma: Jen když budou chtít.

Tazatel: A Boží milost jim pomoci nemůže?

Amma: Samozřejmě, že ano; ale jsou vůči ní receptivní?

Tazatel: Milost a soucítění jsou nepodmíněné. Otevřenost ale podmínka je, je to tak?

Amma: Otevřenost není podmínka. Je to nutnost, která je stejně nezbytná jako potrava a spánek.

Skuteční duchovní mistři pomáhají dokončit Cestu

Tazatel: Existují názory, že k dosažení osvobození není nutné vedení Gurua. Co si o tom myslíš?

Amma: Člověk, který fyzicky oslepl, vidí všude tmu a logicky hledá pomoc. Duchovně slepí lidé si svoji slepotu neuvědomují. Pokud si ji uvědomí, pak mají potíže, aby tuto skutečnost přijali. Je pro ně tedy nesmírně obtížné, aby hledali někoho, kdo jim pomůže.

Lidé mají různé názory a zároveň svobodu vyjadřování. Jedinci s rozvinutým intelektem umí dokázat či vyvrátit množství věcí. Jejich závěr ale nemusí být pravdivý. Čím je člověk intelektuálněji založený, tím je egoističtější. Pro takového člověka je odevzdání velmi těžké, a dokud není ego překročeno, není možné zažívat Boží přítomnost. Lidé, kteří se silně identifikují se svým egoizmem, umí najít množství důvodů, jak ospravedlnit své jednání. Tvrdí-li někdo, že na cestě k Bohu není nutné vedení duchovního mistra, pak se obávám, že tento člověk má strach o své ego. Nebo sám touží stát se duchovním mistrem.

Naší Skutečnou Podstatou je Bůh; my jsme ale dlouhá léta žili ve ztotožnění se světem jmen a forem a považovali jej za skutečný. Této totožnosti se nyní musíme zbavit.

Nevinný dárek

Na daršan přišlo malé děvčátko s květinou v ruce, „to je z naší zahrady," povídá.

Amma měla z květiny velkou radost a na znamení úcty se jí dotkla čelem.

„To jsi utrhla sama?" zeptala se. Děvčátko souhlasně kývlo. Matka děvčátka vysvětlovala, že její dcera měla takovou radost, že půjdou za Ammou, že běžela do zahrady a vrátila se s květinou. Na květu bylo skutečně ještě vidět několik kapek rosy. Ukázala mi ji a nechala se slyšet, že prý květina je stejně krásná jako Amma.

Holčička se posadila Ammě na klín. Najednou ji pevně objala a políbila se slovy, „mám tě moc ráda." „I já tě mám ráda," odvětila Amma a políbila ji nazpět.

Na cestě z daršanu děvčátko vesele poskakovalo. „Na nevinném srdci je něco krásného a dojemného", komentovala Amma chování dítěte, dívajíce se za ním.

Horká linka k Bohu

Během jednoho z retreatů v čase vyhrazeném na otázky a odpovědi, dostala Amma naléhavě znějící otázku. „Modlí se k vám tolik tisíc lidí. Mám pocit, že když budu potřebovat pomoc, budou všechny linky obsazené. Dala byste mi nějakou radu?"

Amma se otázce srdečně zasmála a odpověděla, „Nedělejte si starosti. Máte přímou linku." Všichni přítomní se dali do smíchu. „Ve skutečnosti má horkou linku k Bohu každý," pokračovala Amma. „Její kvalita však závisí na intenzitě vaší modlitby."

Jako řeka, která plyne..

Tazatel: Každý den, celý rok, děláš tu samou práci. Nenudí tě to neustálé objímání?

Amma: Až začne řeku nudit, že plyne, slunce, že svítí a vítr, že musí stále vanout, pak se začnu nudit také.

Tazatel: Ať jsi kdekoli, vždy je kolem tebe spousta lidí. Necítíš potřebu mít více svobody a být sama?

Amma: Jsem stále sama a svobodná.

Mantry a zvuky Véd

Tazatel: Dávní mudrci (rišijové) jsou známí jako mantra drištas (ti, co zřeli mantry). To znamená, že viděli čisté zvuky a mantry?

Amma: „Viděli" znamená v tomto případě „uvědomili si" nebo „poznali vnitřně". Védské zvuky a mantry ve vesmíru nebo v atmosféře existovaly i dříve. Co se děje, když vědci na něco přijdou? Osvětlí skutečnost, která byla dosud nepoznaná. Nejedná se o nic nového, pouze o odhalení.

Jediný rozdíl mezi vědeckými objevy a mantrami, je subtilní úroveň existence manter. Rišijové díky intenzivní duchovní praxi úplně očistili svou vnitřní poznávací schopnost a díky ní dokázali tyto univerzální zvukové vibrace nazřít.

Víme, že zvuky a obrazy z rádia nebo televize se v podobě vibrací pohybují vzduchem. Jsou ve vzduchu stále. Abychom je viděli a slyšeli, musíme naladit svůj přijímač. Boží zvuky jsou stejným způsobem poznatelné člověku, který získal jasnou a čistou mysl. Naše fyzické oči je vidět nedokážou. Vidět je lze, pouze když v sobě vytvoříme kapacitu, které se říká vnitřní nebo třetí oko. Ať se jedná o jakýkoli zvuk, snažte se jej procítit, jak nejhlouběji to jde. Důležité je procítění, nejen pouhé uslyšení zvuku. Snažte se procítit svou mantru, své modlitby a ucítíte Boha.

Tazatel: Mají mantry význam?

Amma: Ne takový, jaký očekáváte. Mantry představují nejčistší podobu univerzálních vibrací, tj. Boží energie, šakti, kterou si v hluboké meditaci rišijové uvědomili. Mantry ztělesňují sílu vesmíru v podobě semene. Proto jsou známé jako bídžákšaras (semenná písmena). Mudrci, když vystoupili z meditace, věnovali tyto čisté zvuky lidem. Převedení zkušenostního prožitku do slov je ale nesmírně obtížné, zjm. jedná-li se o nejhlubší lidský prožitek vůbec. Proto naše mantry představují zvuk, který dávní mudrci formulovali tak, aby se co nejvíce blížil univerzálním zvukovým vibracím. Stále však platí zákon, že mantra ve své celistvosti může být pochopena jen tehdy, když lidská mysl dosáhne dokonalé čistoty.

Něco chybí

Tazatel: Mnoho lidí říká, že přes veškerý materiální komfort jim v životě něco chybí. Proč se tak cítí?

Amma: Díky minulé karmě (činnosti) a současnému způsobu života, mají různí lidé různé zkušenosti a situace. Nezávisle na tom, kdo jste a jak velké máte materiální bohatství, dokonalost a štěstí v životě získáte jen tehdy, když budete žít a myslet dharmickým (správným) způsobem. Když svůj majetek a přání neuvedete v soulad s nejvyšší dharmou, tj. dosažením osvobození (mokša), nikdy nebudete mít klid. Vždy budete cítit, že vám něco chybí. To něco je klid, naplnění a spokojenost. Nedostatek pravé radosti vytvoří prázdnotu, kterou nelze naplnit žádnými materiálními požitky.

Na celém světě si lidé myslí, že tuto prázdnotu mohou vyplnit splněním svých přání. Když ale budou hledat štěstí jen u materiálních věcí, tak prázdnota zůstane a posléze se ještě zvětší. Dharma a mokša jsou vzájemně propojené. Ten, kdo žije podle dharmických principů, dosáhne osvobození, a ten, kdo má touhu po osvobození, bude automaticky žít dharmickým životem. Pokud majetek a peníze nejsou užívány rozumným způsobem, mohou se stát velkou překážkou. Překážkou pro ty, kdo si přejí duchovní pokrok. Čím více máme prostředků, tím více se zabýváme tělem. A čím více se zabýváme tělem, tím více v sobě posilujeme egoizmus. Peníze sami o sobě nejsou problémem, problém je naše neinteligentní připoutanost k nim.

Svět a Bůh

Tazatel: Jaká je souvislost mezi světem a Bohem, štěstím a utrpením?

Amma: Svět je potřeba k tomu, abychom mohli poznat Boha a být plně šťastní. Ve třídě učitel píše na tabuli bílou křídou. Černé pozadí představuje určitý kontrast pro bílá písmena. Pro nás je takovým pozadím svět. Existuje proto, abychom v něm poznali svou čistotu a Skutečnou Podstatu, která je nejvyšším štěstím.

Tazatel: Je pravda, že jen lidé se cítí nešťastní a nespokojení, a zvířata nikoli?

Amma: Ne tak docela. I zvířata mají pocity bolesti a nespokojenosti. Také jsou nešťastná, cítí lásku, vztek a jiné emoce. Necítí je ale tak intenzivně jako my. Lidé jsou na vyšším evolučním stupni, a proto je pociťují více. Intenzivní pocity bolesti ukazují ve skutečnosti potenciál dosáhnout opačného extrému, blaženosti. Z pocitu hlubokého neštěstí a bolesti můžeme získat dostatek síly na cestu sebepoznání. Jde o to, nasměrovat svou vitální energii (šakti) inteligentněji.

Tazatel: Jak používat energii inteligentněji?

Amma: K tomu pomůže jen hlubší porozumění. Dejme tomu, že jdeme na pohřeb nebo navštívíme zcela ochrnutého člověka. Velmi pravděpodobně budeme smutní. Jakmile se ale vrátíme domů a začneme dělat nějakou práci, na smutnou událost zapomeneme, protože se nás hlouběji nedotkla. Když o tom ale budeme přemýšlet, dojdeme k závěru, že dříve či později nás čeká stejný osud. Měli bychom se tedy ptát na příčinu všeho utrpení a připravit se dříve než bude pozdě. Budeme-li uvažovat následovně, náš život se změní a my začneme pomalu poznávat tajemství celého vesmíru. Nakonec, pokud to myslíte upřímně, naleznete skutečný zdroj radosti.

Zatímco Amma mluvila, dítě ležící spokojeně v matčině náručí se najednou rozplakalo. „Ó, to je strašné…" z legrace to komentovala Amma a zeptala se, co se stalo. Matka dítěte zvedla spadený dudlík, který dítěti chyběl. Všichni se začali smát. Jakmile mu jej vrátila do pusy, ihned byl klid.

Amma: Podívejte, to miminko přišlo o své štěstí. Vynikající ukázka toho, o čem se bavíme. Dudlík je stejně iluzorní jako svět. Nedává dítěti žádnou výživu. Nicméně pomáhá, aby přestalo plakat. Můžeme tedy říci, že jakýsi účel má. Svět nepředstavuje kvalitní potravu pro lidskou duši, ale je stvořen k tomu, abychom si skrze něj připomínali stvořitele, Boha.

Tazatel: Říká se, že před poznáním Boha člověk musí projít velkou bolestí a utrpením. Je to pravda?

Amma: Utrpení a bolest je v životě i tak. Spiritualita není cestou dopředu; je to cesta zpět. Vracíme se k původnímu zdroji bytí. Cestou musíme projít vrstvami emocí a vásán (tendencí), které jsme dlouho střádali a odtud pochází naše bolest, nikoli z venku. Pokud zůstaneme otevření, tak je překročíme a nakonec získáme nejvyšší mír a blaženost.

Než vystoupíme na vrchol hory, musíme nejdříve projít údolím, kde hora začíná. Dosáhnout nejvyššího štěstí není možné, dokud nepoznáme opačný extrém, utrpení.

Tazatel: Proč je to nemožné?

Amma: Dokud trvá ztotožnění s egem a dokud člověk zažívá pocit oddělenosti od Boha, bude cítit bolest a utrpení. Nyní jste na úpatí hory. Než na ni vystoupíte, musíte odložit své připoutanosti k údolí a vše, co vám v něm patří. Bolest je nevyhnutelná jen pokud do toho jdete napůl. Jinak žádná bolest není. Jakmile se zbavíte připoutanosti, bolest se transformuje v intenzivní touhu, v přání dojít k věčnému spojení. Skutečnou otázkou je, kolik z nás je schopno se úplně zbavit připoutanosti?

Muž pokládající otázky se zamyslel. Amma mu najednou poklepala na hlavu se slovy „ladím buben ega, ať z něj plynou jen příjemné tóny." Muž se srdečně rozesmál.

Amma: Slyšela jsem jeden příběh. Jeden bohatý muž ztratil veškerý zájem o světský život a chtěl začít jinak; s životem v míru a pokoji. Měl vše, co si mohl za peníze koupit, ale život pro něj přestal mít smysl. Rozhodl se, že vyhledá radu duchovního mistra. Než za ním odešel, napadlo ho, „Na co jsou mi všechny ty peníze? Vše odevzdám mistrovi a zapomenu na ně. To, co chci, je opravdové štěstí." Dal tedy do pytle všechny své zlaťáky a pytel si vzal na záda.

Po celodenní chůzi mistra našel. Seděl pod stromem na okraji vesnice. Pytel s penězi položil před mistra a poklonil se. Jakmile zdvihl hlavu, uviděl, že mistr sebral pytel s penězi a běží pryč. Zmatený a překvapený mistrovým neobvyklým chováním začal za ním utíkat a volat ho. Mistr byl však rychlejší, běžel po polích, do kopce, z kopce, přes řeku, les i vesnice. Pomalu se začalo stmívat. Mistr znal okolí dobře, takže muž měl potíže, aby mu stačil.

Nakonec se vzdal veškeré naděje a vrátil se na místo, kde mistr seděl. Tam uviděl ležet pytel s penězi - mistr byl schován za stromem. Boháč chňapl po pytli, když se zpoza stromu ozvalo. „Pověz mi, jak se teď cítíš."

„Mám velikou radost – je to nejšťastnější okamžik mého života."

„No," odpověděl mistr, „abys došel nejvyššího štěstí, musíš prožít i opačný extrém."

Můžete cestovat po světě a běhat za různými věcmi. Dokud se nevrátíte ke zdroji, kde jste původně začali, skutečné štěstí nepoznáte. To je další ponaučení tohoto příběhu.

Tazatel: Slyšel jsem, že pravé štěstí nelze najít, dokud neskončí hledání. Jak bys to vysvětlila?

Amma: „Veškeré hledání musí přestat" znamená, že byste měli přestat hledat štěstí ve vnějším světě, protože to, co hledáte, se nalézá uvnitř vás. Přestaňte hledat věci vně a obraťte se dovnitř. Tam najdete, co hledáte.

Jste obojí, hledající i předmět hledání. Hledáte něco, co dávno máte. To nelze najít nikde venku. Proto každá snaha o nalezení štěstí v něčem vnějším skončí frustrací a neúspěchem. Jako když pes honí svůj ocas.

Nekonečná trpělivost

Od roku 1988 se programů v New Yorku každoročně účastní jeden muž, asi šedesátiletý. Nemohu na něj zapomenout, protože se ptá vždy na tři stejné otázky. A takřka pokaždé je překládám já. Každým rokem chce vědět to samé a nedá si ani práci, aby otázky aspoň přeformuloval.

1. Může mi Amma dát okamžitou realizaci?
2. Kdy se ožením s krásnou ženou?
3. Jak rychle vydělat peníze a zbohatnout?

Když jsem ho uviděl v řadě na daršan, z legrace jsem pronesl, „á, naše zaseknutá gramofonová deska je zase tady.“

Amma okamžitě uhádla, koho mám na mysli. Přísně na mě pohlédla a řekla: „Spiritualita znamená soucítění a účast na problémech a trápení druhých. K lidem, kteří mají problémy, bychom se měli chovat alespoň s určitou mírou intelektuální zralosti. Pokud nemáš trpělivost je poslouchat, nemůžeš mi dělat překladatele.“

Snažil jsem se upřímně omluvit za svoji neomalenou reakci, nicméně jsem stále pochyboval, zda Amma chce slyšet po patnácté to samé.

„Může položit otázky?“

„Ano, proč se ptáš?“

Otázky byly samozřejmě stejné. A znovu jsem nemohl potlačit údiv, když jsem pozoroval, jak Amma poslouchala a odpovídala, jako by to bylo poprvé.

Tazatel: Můžete mi dát okamžitou realizaci?

Amma: Meditujete pravidelně?

Tazatel: Snažím se vydělat trochu víc peněz, tak pracuji 50 hodin týdně. I tak ale občas medituji, ale ne pravidelně.

Amma: To znamená?

Tazatel: Když skončím s prací a mám čas.

Amma: Dobře, a mantra, tu opakujete? Pravidelně, jak máte?

Tazatel: (s trochou zaváhání) Ano, říkám mantru, ale ne každý den.

Amma: Kdy chodíte spát a v kolik stáváte?

Tazatel: Většinou kolem půlnoci a vstávám v sedm.

Amma: Kdy odcházíte z práce?

Tazatel: Pracují od 8:30 do 5:00. Když není provoz, tak cesta do práce trvá asi 35 – 40 minut. Běžně odcházím z domu kolem půl osmé. Když vstanu, tak mám čas si akorát udělat kávu, opéct dva toasty a obléci se. Se snídaní a kávou v ruce nasednu do auta a jedu.

Amma: Kdy přicházíte domů?

Tazatel: Tak o půl šesté nebo v šest.

Amma: Co pak děláte?

Tazatel: Půl hodiny odpočívám a pak dělám večeři.

Amma: Pro kolik lidí?

Tazatel: Jen pro sebe, žiji sám.

Amma: Jak dlouho vám vaření zabere času?

Tazatel: Od čtyřiceti minut do jedné hodiny.

Amma: To máme 7:30. Co děláte po večeři. Sledujete televizi?

Tazatel: Přesně tak.

Amma: Jak dlouho?

Tazatel: (se smíchem) Teď jste mě nachytala. Dívám se na televizi, dokud nejdu spát. Ještě bych se chtěl k něčemu přiznat... ale ne, zapomeňte na to.

Amma ho poklepala po zádech: Ale jen řekněte, co jste měl na mysli.

Tazatel: Já se moc stydím to říct.

Amma: Tak jo.

Tazatel: (po chvíli) Před vámi nemá smysl nic schovávat. Stejně si myslím, že to víte. Proč byste nechala dojít tuto situaci až sem? To je zvláštní líla (Boží hra). Já, moc se omlouvám, ale zapomněl jsem svou Guru mantru a nemůžu ani najít papír, kde jsem ji měl napsanou.

Po jeho slovech se dala Amma do smíchu.

Tazatel: (zmateně) Co? Proč se smějete?

Muž si sedl a tvářil se ustaraně. Amma ho z legrace štípla do ucha.

Amma: Vy se nezdáte.. měla jsem pocit, že přede mnou něco tajíte. Podívejte, Bůh dává lidem vše. Chápu vaši upřímnost a zvídavost, ale musíte mít to, čemu se říká šradha (milující víra a pozornost) a celé věci se odevzdat. Na dosažení realizace musíte být ochoten tvrdě pracovat. Mantra je jakýsi most, který spojuje žáka s jeho učitelem – konečné s nekonečným. Pro skutečného žáka je opakování mantry jako jídlo. Ke své mantře se chovejte s úctou a ke svému učiteli taktéž, to znamená, každý den bez výjimky opakujte mantru. Dokud se celé věci nezavážete, realizace nepřijde. Spiritualita není práce na poloviční úvazek; je to práce od rána do večera. Nechci, abyste změnil zaměstnání nebo pracoval méně. Svou práci a vydělávání peněz považujete za vážnou věc, je to tak? S poznáním Boha je to totéž. Duchovní praxe se musí stát součástí vašeho života, stejně jako váš spánek a strava.

Tazatel: (zdvořile) Ano, vaše odpověď je správná. Budu si to pamatovat a dělat, co jste mi řekla. Prosím, požehnejte mi.

Muž se na chvíli odmlčel. Vypadal, že nad něčím uvažuje.

Amma: Vy... Už jste byl ženatý dvakrát, že?

Tazatel: (zaraženě) Jak to víte?

Amma: To není poprvé, co zde mluvíte o svých problémech.

Tazatel: Vy máte ale paměť...

Amma: Proč si myslíte, že další manželství vám vyjde?

Tazatel: Já nevím.

Amma: Nevíte nebo si nejste jistý?

Tazatel: Nejsem si jistý.

Amma: Přesto, že si nejste jistý, tak přemýšlíte o dalším manželství?

Muž se ocitl v rozpacích, ale zároveň jej to natolik pobavilo, že smíchy málem upadl. Vstal a se sepnutýma rukama prohlásil, „Vy jste neodolatelná a nepřemožitelná. Klaním se Vám."

Amma se smíchem poklepala lehce jeho holou hlavu, kterou muž svěsil hluboko dolů.

Nepodmíněná láska a soucítění

Tazatel: Jak definujete nepodmíněnou lásku a soucítění?

Amma: Jedná se o zcela nedefinovatelný stav.

Tazatel: Jak vypadá?

Amma: Jako rozlehlost, jako obloha.

Tazatel: Je to vnitřní obloha?

Amma: Není tam ani uvnitř ani vně.

Tazatel: Co tedy?

Amma: Je tam pouze jednota. Proto to nelze definovat.

Nejsnazší Cesta

Tazatel: Existuje tolik cest, jaká je nejsnazší?

Amma: Nejsnazší cesta je stát na straně Satgurua (pravého duchovního mistra). Být s ním je jako cestovat v Boeingu. Satguru představuje nejrychlejší dopravní prostředek, jak dojít k cíli. Jakákoli cesta bez pomoci duchovního učitele je jako cesta místním autobusem, který staví v každé vesnici. Celý proces trvá mnohem déle.

Osvícení, odevzdání a život v přítomnosti

Tazatel: Lze získat osvícení, aniž bychom se odevzdávali; i za předpokladu, že děláme velmi intenzivní sádhanu (duchovní praxi)?

Amma: Řekněte mi, co podle vás znamená intenzivní sádhana? Intenzivní sádhana nastane tehdy, provádíme-li cvičení s láskou a upřímně. K tomu musíte žít v přítomnosti. Abyste žili v přítomnosti, musíte odevzdat minulost i budoucnost. Ať tomu říkáte odevzdání, přítomný okamžik, teď a tady, život v daném okamžiku či jakkoli jinak, je to stále totéž. Termíny, kterými uvedený proces popisujeme, se mohou lišit, uvnitř však dochází ke stejnému procesu. Každá duchovní praxe nás učí stále stejnou věc; neulpívání. Skutečná meditace není činnost; jedná se o intenzivní touhu v srdci, aby se člověk spojil se svou Podstatou nebo Bohem. Čím hlouběji se v tomto procesu ocitáme, tím menší máme ego a lépe se cítíme. Tady vidíte, že skutečný smysl sádhany je postupně odstranit pocity „já" a „moje". Tento proces popisuje různé způsoby, používá různá slova, ale to je vše.

Tazatel: Veškeré materiální úspěchy ve světě v podstatě závisí na tom, do jaké míry je člověk schopný a agresivní. Jestliže intenzivně nezapojí mysl a intelekt, nemůže vyhrát. Stačí jen trochu naivity – a ihned se ocitneme „mimo" a nebude se s námi počítat.

Vypadá to, že mezi principy duchovního a světského života je značný rozdíl.

Amma: Právě jste to řekla, to tak jen vypadá.

Tazatel: Jak to?

Amma: Protože nezávisle na tom, kdo to je či o koho se jedná, většina lidí žije v přítomnosti; akorát ne úplně. Když dělají nějakou práci nebo přemýšlí, jsou odevzdaní onomu okamžiku. Jinak by nemohli nic dělat. Vezměme si například tesaře. Pracuje se sekerou, a kdyby se nesoustředil na daný okamžik, mohlo by dojít k vážnému zranění. Lidé tedy žijí v přítomnosti. Jediný rozdíl je v tom, že nejsou bdělí nebo jen málo; proto žijí v přítomnosti jen zčásti, nikdy zcela. Duchovní věda člověka učí, jak být v přítomném okamžiku úplně, nezávisle na času a místě. Lidé jsou buď v mysli nebo v intelektu – nikdy v srdci.

Tazatel: Žít v úplné přítomnosti ale znamená překročení egoizmu?

Amma: Ano, ale překročení egoizmu neznamená, že se stanete neschopní. Vy se naopak zbavíte všech slabostí. Člověk se úplně transformuje a jeho vnitřní schopnosti dosáhnou dokonalosti. Jako dokonalá lidská bytost budete připraveni pomáhat ostatním, aniž byste kdekoli vnímali nějaké rozdíly.

Tazatel: Říkáte tedy, že mezi odevzdáním a životem v přítomnosti neexistuje de facto žádný rozdíl.

Amma: Ano, je to jedno a totéž.

Džapa mala a mobilní telefon

Na cestě k hale, kde se konal program, si Amma nezávisle na davu lidí všimla, jak se jeden brahmačari zastavil a začal telefonovat.

Jakmile hovor dokončil a přidal se k ostatním, poznamenala, „je v pořádku, když duchovní aspirant, který má spoustu práce, například organizaci daršanových programů, koordinaci místních dobrovolníků atd. má mobilní telefon. Bude-li však v jedné ruce držet mobil, ve druhé ruce by měl držet málu (růženec), který by mu připomínal, že má opakovat mantru. Ke kontaktu se světem je nutné mít mobilní telefon. Je-li to potřeba, používejte ho. Nikdy ale neztrácejte kontakt s Bohem. Ten představuje vaši životní sílu".

Žijící upanišáda

Tazatel: Jak byste popsala Satgurua (dokonalého duchovního mistra)?

Amma: Satguru je žijící upanišáda (ztělesnění nejvyšší Pravdy, jak je popsáno v upanišádách).

Tazatel: Jaká je mistrova hlavní role?

Amma: Jeho úkolem je inspirovat žáky tak, aby získali lásku a víru, že je možné dosáhnout duchovního Cíle. Prvním a nejdůležitějším úkolem učitele je vytvořit v žákovi oheň touhy po poznání sebe nebo po lásce k Bohu. Jakmile je oheň zažehnut, spočívá další úkol mistra v tom, aby hořel stále, tj. mistr ho chrání před temnými bouřemi a silnými průtržemi mračen nesmyslných tužeb a pokušení. Mistr se stará o žáka jako slepice drží ochranná křídla nad svými kuřaty. Žák mistra pozoruje a je jím inspirován; díky tomu se postupně učí stále větší míře odevzdání. Nakonec tento proces končí naprostým odevzdáním a překročením.

Tazatel: Co žák překračuje?

Amma: Svoji nižší povahu, své vásány (tendence).

Tazatel: Jak byste popsala ego?

Amma: Jako nedůležitou věc – ale silně destruktivní, pokud nemáte pozornost.

Tazatel: Není to ale silný a praktický nástroj pro život ve světě?

Amma: Ano, pokud se naučíte, jak jej správně používat.

Tazatel: Co znamená „správně?"

Amma: Mám na mysli, že se musíme naučit, jak jej pomocí rozlišování správně ovládat.

Tazatel: Sádhakové (duchovní aspiranti) dělají to samé v rámci své duchovní praxe, je to tak?

Amma: Ano, ale sádhak postupem času ego dokonale ovládne.

Tazatel: Znamená to tedy, že není nutné ego překročit?

Amma: Dokonale ovládnout a překročit znamená totéž. Ve skutečnosti se nic nepřekračuje. Ego ve skutečnosti neexistuje a tím pádem neexistuje ani jeho překračování. Jediné, co existuje, je

Átmán (naše Podstata). Ostatní jsou pouhé stíny či oblaka, překrývající slunce. Nejsou skutečné.

Tazatel: Stín nás ale ochladí, nemůžeme tvrdit, že je neskutečný, není-li pravda?

Amma: To je pravda. O stínu nelze říci, že neexistuje. Svůj význam má. Osvěžuje nás. Nezapomínejte ale na strom, který stín způsobuje. Stín nemůže existovat bez stromu, ale strom bez stínu ano. Proto stín není ani skutečný, ani neskutečný. Tomu se říká mája (iluze). Mysl či ego není ani skutečné ani neskutečné a Átmán je na egu zcela nezávislý. Otec se synem jdou po vyprahlé silnici. Malý chlapec jde ve stínu otce, aby se chránil od největšího žáru. Stín jej trochu ochlazuje. Máte pravdu, nemůžeme říci, že stín je neskutečný; není však ani skutečný, má svůj úkol. Stejně je tomu s egem, které není ani skutečné ani neskutečné; má svůj úkol – připomenout nám Nejvyšší Skutečnost; Átmán, který je jeho Podstatou.

Jako stín, nemůže svět a ego existovat bez Átmánu. Átmán podpírá a udržuje celou existenci.

Tazatel: Ještě k otázce transcendence ega – říkala jste, že ego je neskutečné a jeho transcendence také. Jaký má pak význam proces sebepoznání nebo realizace?

Amma: Protože ego ve skutečnosti neexistuje, tak celý proces jeho transcendence je vlastně sen. Nesprávný je i pojem „sebepoznání", protože Átmán nemá potřebu, aby jej někdo poznával. To, co vždy zůstává tím, čím je, ve všech třech časových proměnách, nepotřebuje podstoupit žádný proces poznávání.

Veškerá vysvětlení vás dovedou jen k uvědomění, že všechna vysvětlení jsou bezvýznamná. Na konci poznáte, že neexistuje nic jen Átmán a že žádný proces se de facto nekonal.

Zkusme si představit, že uprostřed hustého lesa je krásná studánka s kouzelnou vodou. Jednoho dne ji najdete, napijete se a stanete se nesmrtelní. Studánka tam byla vždy, jen jste o ní nevěděli. Najednou jste ji našli, uvědomili si její existenci. Analogicky to funguje s vnitřním zdrojem čisté energie (šakti). Když hledáte a vaše touha po poznání sílí, najednou se cosi přihodí a vy zdroj energie poznáte. Jakmile se s ním sjednotíte, automaticky přijde poznání, že jste od něj nikdy odděleni nebyli.

Na příklad vesmír v sobě skrývá nesmírné bohatství. Drahocenné kameny, kouzelné nápoje, léky na veškeré nemoci, cenné informace o historii lidstva, metody, jak odkrýt tajemství vesmíru atd. To, co vědci v minulosti, současnosti a budoucnosti dokázali a dokážou zjistit, je jen nekonečně malý zlomek toho, co vesmír obsahuje. Nejedná se o nic nového. Veškeré objevy jsou pouze odkrytím závoje nevědění. Stejně tak v nás existuje nejvyšší dosud neodhalená Pravda. Proces odhalování je známý jako *sádhana* (duchovní praxe).

Z individuálního pohledu tedy proces sebe odhalení i transcendence existuje.

Tazatel: Jak podle vás vypadá transcendence v situacích každodenního života?

Amma: Transcendence vznikne, když získáme dostatek zralosti a porozumění. Ty k nám přijdou jako výsledek duchovních cvičení a životních zkušeností, když je dokážeme vnímat pozitivně a s určitou mírou otevřenosti. Získáme sílu odložit a překročit své nesprávné představy. Pokud budete pozornější, tak uvidíte, že odkládání a nelpění na méně důležitých věcech, přáních a připoutanostech tvoří běžnou část každodenního života. Dítě si rádo hraje – například se svou plyšovou opicí. Má ji tak rádo, že ji s sebou všude nosí. Když si s ní hraje, zapomene i na jídlo. Když mu ji matka chce vzít, začne se zlobit a brečet. Nepustí ji, ani když jde spát – usíná s hračkou v náručí. Když mu ji chceme vzít, musíme tedy počkat, až usne.

Jednoho dne se ale stane, že všechny hračky, včetně nejmilovanější opice, leží pohozené v koutě. Dítě je najednou přerostlo; chlapec překročil potřebu hraček. Můžeme ho dokonce vidět, jak s úsměvem pozoruje jiné děti, které si ještě s hračkami hrají. Určitě si myslí „podívejte, jak si ty děti hrají s hračkami." Dokonce sám zapomněl, že si s hračkami hrál taky.

Dítě odloží hračky a zaujme ho něco složitějšího, třeba tříkolka. Poté vymění tříkolku za kolo. A nakonec si bude přát motorku, auto atd. Sádhak však musí získat takovou sílu, že překročí vše, co se mu dostane do cesty – a spokojí se jen s Nejvyšším.

Mája

Tazatel: Co je to mája? Jak byste ji vysvětlila?

Amma: Mysl je mája. Neschopnost mysli vidět svět jako neskutečný a proměnlivý se popisuje jako mája.

Tazatel: Říká se, že i objektivní svět je mája.

Amma: Ano, protože je to projekce mysli. To, co nám zabraňuje vidět skutečnost, je mája.

Lev vyřezaný ze santalového dřeva se může zdát skutečný malému dítěti, dospělý ale ví, že je to kus dřeva. Děti dřevo nevnímají a vidí jen lva. Rodičům se lev může také líbit, ale ví, že není skutečný. Pro ně je skutečné dřevo, nikoli lev. Stejně je to u osvícené bytosti; ta v celém vesmíru vidí jen Podstatu, „dřevo", které v sobě zahrnuje vše, absolutní Brahma či vědomí.

Ateisté

Tazatel: Ammo, jaký je tvůj názor na ateisty?

Amma: Když někdo s láskou pracuje pro společnost, pak je jedno, zda věří v Boha či nikoli.

Tazatel: Tebe to moc nezajímá, že?

Amma: Mě zajímají všichni.

Tazatel: Myslíš si tedy, že jejich názory jsou správné?

Amma: Dokud nepřestanou věřit svým názorům, pak to, co si myslím, nemá žádný význam.

Tazatel: Snažíš se mi utéct, aniž bys odpověděla na mou otázku.

Amma: A ty mě pronásleduješ, abych ti řekla, co chceš slyšet.

Tazatel: (se smíchem) Dobře tedy, chtěl bych vědět, je-li ateizmus jen intelektuální záležitost, nebo jestli má nějaký smysl.

Amma: Smysl a nesmyslnost závisí na přístupu každého jednotlivě. Ateisté pevně věří, že neexistuje nic jako nejvyšší síla či Bůh. Někteří z nich to ale říkají jen na veřejnosti a v nitru jsou věřící.

   Na tomto intelektuálním postoji není nic zvláštního. Intelektuálně zdatný člověk dokáže existenci Boha zdánlivě potvrdit či vyvrátit. Ateizmus spočívá na logice. Jak mohou intelektuální koncepty potvrdit nebo vyvrátit Boha, který se nachází mimo intelekt?

Tazatel: Říkáš tedy, že jejich představy o Bohu nejsou správné, je to tak?

Amma: Ať jsou to jejich názory nebo názory někoho jiného, názory o Bohu jsou ve své podstatě vždy nesprávné, protože Boha nelze vidět z určitého úhlu pohledu. Bůh se objeví jen tehdy, když veškeré pohledy zmizí. Intelektuální logiku lze použít, abychom něco odmítli nebo potvrdili. Nemusí to však být pravda. Dejme tomu, že řeknete, „A nemá nic v ruce. B také nic nemá. V rukou C nevidím také nic. Proto nikdo nemá nic v rukou." Tyto věty zní logicky a správně, ale je tomu tak? Intelektuální závěry jsou podobné.

Dnešní ateisté plýtvají časem, aby dokázali neexistenci Boha. Pokud jsou o své víře úplně přesvědčení, proč to dělají? Místo rozvíjení svých intelektuálních argumentů, které vedou k destruktivitě, by se měli zapojit do něčeho přínosného pro společnost.

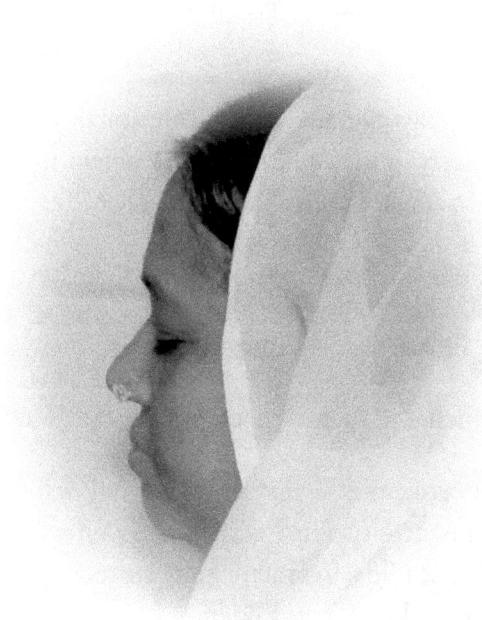

Mír

Tazatel: Jak byste svými slovy popsala mír?

Amma: Myslíte mír uvnitř nebo venku?

Tazatel: Chtěl bych vědět, co to je skutečný mír.

Amma: Nejprve mi povězte, jak podle vás skutečný mír vypadá.

Tazatel: Myslím, že mír je štěstí.

Amma: Co je ale skutečné štěstí? Je to něco, co nastane, když se splní vaše přání nebo byste to vysvětlil jinak?

Tazatel: No… je to nálada, která přijde, když se splní má přání, je to tak?

Amma: Taková šťastná nálada ale rychle zmizí. Cítíte se šťastný, když se vám něco splní. Ale za chvíli se objeví nové přání a vy se za ním opět začnete honit. Nemá to konec, že?

Tazatel: To je pravda. Takže skutečné štěstí, je štěstí vnitřní?

Amma: Ano, ale jak se cítíte šťastný uvnitř?

Tazatel: (se smíchem) Vy mě chcete mě dostat do úzkých…

Amma: Ne, dostáváme se blíže k odpovědi, kterou hledáme. Podívejte, je možné cítit vnitřní štěstí, když mysl není v klidu? Nebo si myslíte, že klid a uvolnění, které cítíte, když jíte čokoládu nebo zmrzlinu, je skutečným klidem?

Tazatel: (smíchy) Nemyslím. Vy si ze mě děláte legraci.

Amma: Nedělám, myslím to vážně.

Tazatel: (zamyšleně) To není ani mír ani štěstí. Je to jen určitý stav vzrušení či okouzlení.

Amma: Onen stav okouzlení, jak dlouho vám zůstane?

Tazatel: Přijde a odejde.

Amma: Nyní mi povězte; pocit, který přijde a odejde, může být stálý či skutečný?

Tazatel: Ne tak docela.

Amma: A jak mu tedy říkáte?

Tazatel: To, co přichází a odchází, se obvykle nazývá jako „dočasné" nebo „přechodné".

Amma: Protože jste to řekl, dovolte mi se zeptat. Jsou ve vašem životě chvíle, kdy zažíváte klid, aniž byste k tomu měl nějaký důvod?

Tazatel: (po chvíli přemýšlení) Ano, jednou jsem seděl na zahradě a pozoroval západ slunce. Najednou se mé srdce naplnilo neznámou radostí. V ten okamžik jsem se nějak dostal do stavu bez myšlenek a cítil v sobě obrovský klid a radost. Při vzpomínce na onu chvíli, jsem dokonce složil báseň.

Amma: To je odpověď na vaši otázku. Mír nastane, když se mysl zklidní a ubude myšlenek. Méně myšlenek znamená více klidu a naopak. Klid a štěstí bez jakéhokoli důvodu jsou skutečným klidem a štěstím.

Mír a štěstí jsou synonyma. Čím více se dokážete otevřít, tím více pokoje a štěstí cítíte. Dokud nezískáme určitý stupeň ovládnutí mysli, je těžké dosáhnout skutečný mír.

Hledání skutečného klidu uvnitř je správnou cestou, jak najít mír venku. Vnitřní a vnější úsilí jde ruku v ruce.

Tazatel: Jak byste popsala mír z duchovního hlediska?

Amma: Mezi duchovním mírem a světským mírem není rozdíl. Jako je láska jen jedna, také mír je jeden. Ano, rozdíl existuje v intenzitě. Ta závisí na tom, jak hluboko se dostáváte. Představte si mysl jako jezero; myšlenky jsou jeho zčeření. Každá neklidná myšlenka je jako kámen hozený do jezera, vytvářející bezpočet malých vln. Meditativní mysl je jako leknín plovoucí na hladině.

Myšlenkové zčeření bude přítomno, ale leknínu se nedotkne. Bude dále plavat na hladině.

„Nechte mě na pokoji. Chci mít klid." Velmi častá slova, která slýcháme – často uprostřed hádky nebo když nemůžeme nějakého člověka či situaci vystát. Je to ale možné? I kdybychom člověka nechali o samotě, nebude mít klid ani nebude ve skutečnosti sám. Za zavřenými dveřmi místnosti bude sedět a o všem přemýšlet – uvnitř se bude stále hádat. Opět se ocitne ve světě rušivých myšlenek. Skutečný mír je hluboký pocit, který zavládne v srdci, když se oprostíme od myšlenek na minulost.

Mír není protiklad rozčilení, ale jeho nepřítomnost. Jedná se o zcela uvolněný a pokojný stav.

Největší lekce života

Tazatel: Jaká je největší lekce, kterou bychom se měli v životě naučit?

Amma: Zapojte se do společenského dění kolem vás, ale nebuďte k ničemu připoutáni.

Tazatel: Jak může tato účast a nepřipoutanost existovat současně?

Amma: Angažujte se a neulpívejte, jak si přejete – jednejte, nechejte to odejít a pokračujte dál... znovu jednejte, nechte odejít a jděte dál. Zbytečné zavazadlo vám při cestování překáží, je to tak? Zbytečné zavazadlo nepřiměřených snů, přání a ulpívání vám životní cestu velmi znesnadní.

I velcí vládci, diktátoři a panovníci zažívali na konci života velká muka právě proto, že v životě nosili zbytečné zavazadlo.

Chcete-li konec života prožít s klidnou myslí, jediné, co vám pomůže, je odpoutanost.

Alexandr Veliký byl známý císař a vojevůdce, který si podmanil skoro třetinu světa. Chtěl ovládnout celý svět, ale byl poražen a onemocněl nevyléčitelnou nemocí. Několik dnů před smrtí zavolal své ministry a vysvětlil jim, jak si přeje být pohřben. Nechal zhotovit rakev, která měla dva otvory pro ruce. Alexandr chtěl, aby jeho ruce mohly volně viset s dlaněmi otevřenými vzhůru, což vzbudilo mezi ministry údiv. Alexandr chtěl, aby každý viděl, že Alexandr Veliký, jenž zasvětil celý život tomu, aby ovládl svět, z něj odešel s holýma rukama a nevzal si s sebou ani vlastní tělo.

Když jej tak uvidí, pak mohou pochopit, jak pošetilé je se celý život honit za světskými a materiálními objekty.

Nakonec si stejně s sebou nemůžeme vzít nic, ani své tělo. Jaký mají pak naše připoutanosti význam?

Umění a hudba

Tazatel: Věnuji se profesionálně umění, hudbě. Rád bych věděl, jaký mám mít ke své práci postoj a jak stále více vyjadřovat svůj hudební talent?

Amma: Umění ukazuje krásu Boha vyjádřenou v podobě hudby, malířství, tance atd. Je to jeden z nejjednodušších způsobů, jak poznat svou vnitřní totožnost s Božstvím.

Existuje mnoho světců, kteří dosáhli sjednocení s Bohem skrze hudbu. Co se týče vaší profese, snažte se být začátečníkem, jako dítě stojící před Nejvyšším. Tento postoj vám umožní ponořit se do nekonečných schopností vaší mysli. Tím se vaše hudební nadání rozvine mnohem intenzivněji.

Tazatel: Ano, ale jak se stát dítětem, začátečníkem?

Amma: Pochopením a přijetím své nevědomosti se automaticky stáváte začátečníkem.

Tazatel: Tomu rozumím, ale nejsem úplně bez vědomostí. Mám hudební vzdělání.

Amma: Kolikaleté?

Tazatel: Hudbu jsem studoval šest let a posledních 14 let aktivně vystupuji.

Amma: Jak velký je vesmír?

Tazatel: (trochu zmatený) Nerozumím vaší otázce.

Amma: (s úsměvem) Nerozumíte otázce, protože nerozumíte vesmíru, je to tak?

Tazatel: (pokrčil rameny) Možná ano.

Amma: Možná?

Tazatel: Jaká je ale souvislost mezi mou otázkou a otázkou, „jak velký je vesmír"?

Amma: Jasná. Čirá hudba je rozlehlá jako vesmír. Je Bohem. Čistým poznáním. Představuje tajemství, jak se otevřít a napojit na čistý zvuk celého vesmíru. Hudbu se nelze naučit během dvaceti let. Dvacet let možná zpíváte, ale abyste hudbu opravdu pochopil, musíte ji poznat jako součást sebe sama. Abyste ji takto poznal, musíte hudbě dovolit, aby vás zcela pohltila. K tomu je potřeba vytvořit v srdci více místa. Více myšlenek představuje méně místa. Zamyslete se chvíli nad tím, kolik místa si v sobě necháváte pro čistou hudbu?

Chcete-li, aby se vaše nadání projevovalo intenzivněji, omezte množství zbytečných myšlenek. Vytvoříte uvnitř sebe prostor a energie hudby se k vám snáze dostane.

Zdroj lásky

Tazatel: Ammo, jak se člověk naučí cítit čistou, nevinnou lásku, o které mluvíš?

Amma: Naučit se lze jen něco, o čem nic nevíme. Ale láska je naše pravá Podstata. Zdroj lásky existuje uvnitř člověka. Stačí jen správně zaklepat; energie (šakti) čisté lásky vám naplní srdce a bude se neustále šířit. Nelze to provést; lze v sobě pouze vytvořit správné podmínky, aby se tak stalo.

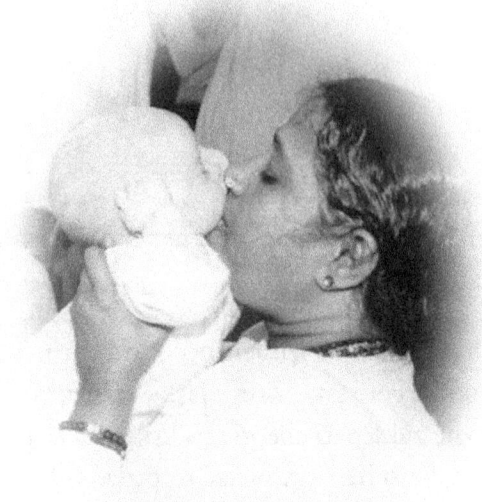

Proč objímáte?

Tazatel: Všechny objímáte. Kdo objímá vás?

Amma: Mne objímá celý vesmír. Ve skutečnosti žiji v nekončícím objetí se vším stvořeným.

Tazatel: Proč objímáte druhé?

Amma: To je, jako byste se ptal řeky, proč plyne.

Každá chvíle je lekcí
k nezaplacení

Ranní daršan probíhal v plném proudu. Amma právě skončila sérii odpovědí. Dnes přišlo výjimečně hodně lidí a já si konečně mohl trochu vydechnout. Chystal jsem se právě odejít, když ke mně najednou přišel muž s papírem v ruce. Další otázka. Upřímně řečeno, už jsem toho měl dost. Vzal jsem od něj otázku a zeptal se, zda může počkat do zítřka. „Dnes jsme už skončili," nezapomněl jsem dodat.

„Je to důležité, proč se nemůžete ještě zeptat?" Nenechal se muž odbýt. Měl jsem pocit nebo se mi možná zdálo, že byl neústupný.

„Mám vám to vysvětlit ještě jednou?" Odsekl jsem.

Muž ale nevypadal, že by ho to odradilo. „Nemusíte nic vysvětlovat, proč se ale nezeptáte Ammy? Třeba na mou otázku bude chtít odpovědět."

Začal jsem ho tedy ignorovat a díval se jiným směrem. Amma dávala daršan a náš hovor se odehrával za křeslem, kde seděla. Mluvili jsme oba velmi tiše, ale ostře.

Najednou se mě Amma zeptala, „nejsi unavený nebo ospalý? Už jsi jedl?" Překvapilo mě to a zároveň jsem se zastyděl, protože bylo jasné, že náš hovor slyšela. Choval jsem se hloupě, měl jsem to poznat hned. I když Amma dává daršan a my mluvíme potichu, její oči, uši a celé tělo slyší, vidí a vnímá vše.

„Pokud jsi unavený, dej si chvíli pauzu, ale přelož ještě jeho otázku. Nauč se být ohleduplný a nemysli si, že to, co cítíš, musí být vždy pravda," pokračovala Amma.

Dotyčnému muži jsem se tedy omluvil a vzal jeho dotaz. Amma mu mile odpověděla a on spokojeně odešel. Samozřejmě, že otázka byla důležitá.

Když odešel, Amma vysvětlovala, „Podívej, když na někoho reaguješ, velmi pravděpodobně se mýlíš a pravdu má on. Ten, kdo má jasnější stav mysli, má schopnost celou situaci pozorovat. Reagování nás oslepuje. Reaktivní postoj ti znemožní vidět druhé a pochopit jejich pocity."

„Než budeš na něco reagovat, udělej přestávku a druhému člověku řekni, „dejte mi trochu času, než vám odpovím; možná máte pravdu a já se mýlím." Budeš-li mít odvahu to říci, vyjádříš tak při nejmenším svou účast a do budoucna předejdeš mnoha nepříjemným střetům."

A já se opět stal svědkem další rady k nezaplacení, jež vyšla z úst velkého učitele. Byl jsem za ni velmi vděčný.

Rozumět osvícené bytosti

Tazatel: Ammo, je možné pomocí naší mysli porozumět osvícené bytosti?

Amma: Zaprvé, osvícenou bytost nelze pochopit. Rozměr takové bytosti můžete jen zakusit. Charakter mysli je stále pochybovat a těkat, proto mysl nemůže poznat nic, jaké to ve skutečnosti je, ani když se jedná o obyčejnou věc. Když například začnete skutečně vnímat květinu, mysl se zastaví a něco za ní začne fungovat.

Tazatel: Říkáte, „mysl se zastaví a něco za ní začne fungovat." Co je to?

Amma: Říkejme tomu třeba srdce, ale jedná se o stav dočasného hlubokého ticha – klidu mysli, který nastane, když se přeruší tok myšlenek.

Tazatel: Mluvíte o „mysli", co tím myslíte? Znamená to myšlenky nebo i něco jiného?

Amma: Mysl zahrnuje paměť, což je skladiště minulosti, dále myšlení, pochybování, hodnocení a pocit „já".

Tazatel: A co další pocity?

Amma: Ty jsou také součástí mysli.

Tazatel: Dobře, takže když řeknete, že mysl nedokáže pochopit osvícenou bytost, znamená to, že celý tento komplexní mechanizmus nemá kapacitu pochopit stav, ve kterém se taková bytost nachází.

Amma: Ano. Lidská mysl je dost nepředvídatelná a vypočítavá. Pro duchovního hledajícího je důležité vědět, že pravého duchovního učitele není schopen poznat. Nejsou pro to žádná kritéria. Jeden opilý člověk může poznat druhého opilce. Dva gambleři se navzájem poznají. To samé platí o lakomcích. Oba jsou na stejné mentální úrovni. V případě dokonalého mistra ale žádná taková kritéria neexistují. Osvícenou bytost nelze poznat myslí ani očima, jedině na základě zvláštního tréninku, kterému se říká sádhana (duchovní praxe). Jedině pomocí neustálé praxe získáme schopnost vidět pod povrch lidské mysli. Jakmile se pod povrch mysli dostanete, budete konfrontováni s nespočtem emočních a myšlenkových vrstev. Schopnost proniknout skrze všechny záludnosti hrubších i jemnějších mentálních vrstev lze získat jen pod vedením duchovního mistra. Vstup do těchto úrovní, jejich překročení a úspěšný návrat zpět se popisuje jako tapas (pokání). Uvedený proces i jeho konečné překročení je možné jen s nepodmíněnou láskou Gurua.

Mysl vždy něco chce. Samotná její existence závisí na neustálém očekávání. Osvícená bytost se těmto přáním a očekáváním nemůže přizpůsobovat. Abyste zažili mistrovo čisté vědomí, musí tento charakter mysli zmizet.

Amma, nevyčerpatelná energie

Tazatel: Ammo, uvažuješ, že bys někdy se svou prací přestala?

Amma: Co dělám, není práce. Je to uctívání. V aktu uctívání je přítomná jen čistá láska. Proto se nejedná o práci. Své děti uctívám jako Boha. Děti, vy všichni jste můj Bůh. Láska není složitá. Je prostá, spontánní a nám všem přirozená. Proto tomu neříkám práce. Osobně objímat příchozí je pro mne nejjednodušším způsobem, jak dát tuto lásku druhým a k celému stvoření najevo. Práce unavuje a bere energii; láska však není ani unavující ani nudná. Dává nám naopak stále více energie. Čistá láska způsobuje, že se cítíte lehcí jako květina. Necítíte žádnou zátěž. Zátěž je vytvářena egem.

Slunce nikdy nepřestává svítit; vítr stále vane a řeka plyne. Neřeknou nám: „Dost. Tu samou práci dělám už věčnost. Nastal čas na změnu." Ne, nikdy se nezastaví. Budou pokračovat až do konce světa, protože je to jejich přirozenost. Tak ani já nemohu přestat dávat lidem lásku, protože milovat druhé mě baví.

Nuda přichází jen tehdy, když není přítomna láska. Proto si přejete změnu, změnit místo či objekt. Když ale vnímáte lásku, nic nestárne. Vše zůstává stále nové. Pro mě je mnohem důležitější přítomný okamžik než to, co bude zítra.

Tazatel: Znamená to, že v příštích letech budeš nadále pokračovat v dávání daršanu?

Amma: Dokud budu mít v rukou dostatek síly, abych mohla obejmout příchozí, pak budu dávat daršan. Dokud budu mít jen trochu síly, abych mohla utěšit naříkajícího člověka, budu dávat daršan. Laskavě pohladit a utěšit každého, kdo za mnou přijde, až do konce tohoto smrtelného těla, to je mé přání. Amma dává daršan již 35 let. Díky milosti Nejvyšší duše (*Paramátmán*) nikdy nemusela ze zdravotních důvodů zrušit jediný daršan či program. Nemám obavu o budoucnost. Láska existuje v přítomnosti, štěstí také. Proč se tedy zbytečně obávat budoucnosti? To, co se odehrává nyní, je mnohem důležitější, než to, co přijde později. Je-li přítomnost tak krásná a dokonalá, proč se starat o to, co bude zítra. Nechme budoucnost, ať se sama vyvine z přítomnosti.

Návrat ztraceného syna

D r. Jaggu je rezidentem indického ašramu Ammy. Nedávno mu rodina poskytla finance, aby mohl s Ammou cestovat do Evropy. Informace o přijetí svého víza dostal ale až v době, kdy celý tým opustil Indii. Všichni jsme se těšili, že se s ním tedy setkáme v Antverpách v Belgii. Dr. Jaggu letěl poprvé letadlem a poprvé cestoval mimo Indii. Všichni jsme tedy udělali maximum proto, abychom jej na letišti vyzvedli včas. Naši přátelé čekali před letištní halou, ale dr. Jaggu nikde. Úředníci letiště potvrdili, že pasažér se jménem Jaggu byl na palubě letu z londýnského letiště Heathrow, které v 16:00 přistálo na mezinárodním letišti v Bruselu. Od přistání letadla uplynuly čtyři hodiny, ale o dr. Jagguovi nikdo nic nevěděl.

Pracovníci letiště spolu s místními organizátory programu prohledali celé letiště a vyvolávali i jeho jméno. Po dr. Jagguovi jakoby se slehla zem. Nakonec se všichni shodli na tom, že se asi někde ztratil – buď na rozlehlém bruselském letišti, anebo ve městě.

Amma mezitím se svým týmem nacvičovala nové bhadžany. Všichni jsme byli z celé události trochu znepokojeni a tak jsem se o dr. Jagguovi zmínil. Čekal jsem, že Amma projeví účast či znepokojení, ale ona se k mému údivu jen otočila a vyzvala nás, ať zpíváme dál.

Bylo to pro mě pozitivní znamení. Když jsem viděl, že Amma je úplně v klidu, poslal jsem organizátorům zprávu, že dr. Jaggu je pravděpodobně zcela v pořádku. Kdyby tomu tak nebylo, nebyla by Amma tak klidná, ale jistě by se o něj zajímala více.

Jen o několik minut později se objevil brahmačari Dayamrita se zprávou, že dr. Jaggu se ukázal někde u vchodu. Takřka simultánně s jeho slovy doktor vkráčel do místnosti se širokým úsměvem na tváři.

Dr. Jaggu nám vyprávěl, že se skutečně ztratil. Když vyšel z letiště, nikoho neviděl a nevěděl kam jít. Přes počáteční rozladění však pevně věřil, že Amma za ním pošle někoho, kdo mu pomůže. Měl u sebe leták s adresou haly a nějací lidé mu nabídli, že ho sem dovezou.

Amma to komentovala slovy, že věděla, že dr. Jaggu je v pořádku a na cestě sem. Proto byla klidná i přesto, že jsme všichni byli znepokojení.

Později jsem se zeptal, jak mohla vědět, že dr. Jaggu byl v pořádku. „Prostě jsem to věděla," zněla odpověď.

„Jak?" pokračoval jsem.

„Tak jako vidíš svůj obraz v zrcadle, tak jsem ho viděla v pořádku."

„Viděla jsi, jak mu pomáhají, nebo jsi zařídila, aby mu ti lidé pomohli?"

Ptal jsem se ještě několikrát, ale Amma již nic více neřekla.

Násilí

Tazatel: Ammo, můžou válka a násilí sloužit jako prostředek k nastolení míru?

Amma: Válka nikdy nemůže sloužit jako způsob, jak nastolit mír. Jedná se o nezpochybnitelnou pravdu, kterou nám zanechala historie. Dokud nenastane změna ve vědomí každého z nás, můžeme si o míru nechat leda zdát. Tuto změnu dokáže přinést jen spirituální způsob myšlení a života. Vyhlášením války se daná situace nikdy nezlepší.

Mír a násilí jsou protiklady. Násilí je silná reakce, nikoli odpověď. Z hlediska jednoduché logiky, každá reakce přináší jen další reakce. Slyšela jsem, že kdysi existoval v Anglii zvláštní způsob, jak trestat zloděje. Nahého zloděje přivedli na prostranství, kde dostal za přihlížení ostatních veřejný výprask. Smyslem celé věci bylo, aby se všichni občané města dozvěděli, jaký trest hrozí za krádež. Zanedlouho však museli tento systém změnit, protože celá akce se stala výbornou příležitostí pro kapesní zloděje. Lidé, zaujetí veřejným pranýřováním, nedávali na své věci pozor a zloději všeho druhu toho náležitě využili. Místo, které mělo varovat před krádežemi, se tak samo stalo jejich živnou půdou.

Tazatel: Znamená to, že by žádné tresty být neměly?

Amma: Ne, to ne. Většina lidí nedokáže používat svou svobodu ku prospěchu společnosti a proto je určité množství strachu - když poruším zákon, budu potrestán - správné. Vybrat si cestu násilí a válek jako způsobu nastolení míru a harmonie ve společnosti však nebude mít dlouhotrvající účinek. Násilí totiž vytváří hluboké rány a nevraživost ve vědomí společnosti, což se v pozdějším stadiu manifestuje pomocí ještě většího konfliktu a násilí.

Tazatel: Jaké je tedy řešení?

Amma: Dělejte cokoli, co pomůže rozšířit vaše individuální vědomí. Pravé porozumění je možné jen na základě rozšířeného vědomí. Změnit směřování společnosti dokážou pouze lidé s touto schopností. Proto je spiritualita v dnešní době tak důležitá.

Problémem je nevědomost

Tazatel: Ammo, existuje rozdíl mezi problémy lidí v Indii a na Západě?

Amma: Po obsahové stránce se problémy lidí v Indii a na Západě liší. Fundamentální problém, tj. kořen všech problémů, je ale stejný všude na světě. Tímto problémem je nevědomost; nevědomost o naší vnitřní Podstatě, Átmánu.

Dnešní doba se vyznačuje příliš velkým soustředěním zájmu na fyzické pohodlí na úkor zájmu o duchovní rozvoj. Tento pohled by se měl změnit. Netvrdím, že by se lidé měli přestat starat o své tělo a materiální zajištění. Ne, o to nejde. Základním problémem je záměna toho, co je trvalé za to, co je pomíjivé. Pomíjivému, což je tělo, se přikládá velká důležitost a na to trvalé, což je Átmán, se úplně zapomíná. To bychom měli změnit.

Tazatel: Vidíte v naší společnosti nějakou možnost situaci změnit?

Amma: Možnosti jsou stále. Důležitou otázkou ale je, zda společnost a jednotlivci se změnit chtějí. Ve třídě dostanou všichni studenti stejné možnosti. Množství vědomostí, které se naučí, již ale závisí na každém z nich. V dnešní době si každý přeje, aby se nejprve změnil ten druhý. Je obtížné najít někoho, kdo skutečně cítí, že se musí nejprve změnit sám. Místo vyžadování změny u druhých, bychom se měli snažit změnit se jako první. Dokud se nepromění náš vnitřní svět, věci ve vnějším světě zůstanou víceméně stejné.

Definice skromnosti

N*a dotaz ohledně pokory:*

Amma: „Když o někom řekneme, že je pokorný, většinou to znamená, že onen jednotlivec podpořil mé ego a pomohl mi, aby se mě nic nedotklo. Chtěla jsem, aby pro mě něco udělal a on to učinil bez jakéhokoli protestování. Proto říkám, že je pokorný. V okamžiku, když si ale tento „pokorný člověk" najednou otevře pusu a vyjádří nesouhlas i v případě, že je to na místě, náš pohled na situaci se ihned změní. „No, on není tak pokorný, jak jsem si myslel," řekneme si. Skutečným důvodem je to, že zranil mé ego a proto není pokorný.

Jsme výjimeční?

Reportér: Ammo, myslíte si, že jsou lidé této země něčím výjimeční?

Amma: Pro mě je celá lidská rasa, celé stvoření velmi výjimečné, protože ve všem existuje Bůh. Boha vidím i v lidech této země. Proto vy všichni jste jedineční.

Osobní Rozvoj nebo osobní rozvoj?

Tazatel: Metody a knihy o osobním rozvoji jsou na Západě velice populární. Mohu se zeptat, co si o nich myslíš?

Amma: Vše závisí na tom, co si pod pojmem osobní rozvoj představuješ.

Tazatel: Co tím myslíš?

Amma: Jedná se o Osobní rozvoj nebo osobní rozvoj?

Tazatel: Jak se to liší?

165

Amma: Skutečný Osobní rozvoj je pomoc, jak otevřít své srdce; zatímco osobní rozvoj představuje posilování egoizmu.

Tazatel: Co tedy navrhuješ?

Amma: „Přijmi Pravdu," to navrhuji.

Tazatel: Tomu nerozumím.

Amma: To je právě řeč ega. Egoizmus nedovolí přijmout Pravdu a pochopit věci ve správných souvislostech.

Tazatel: Jak poznám Pravdu?

Amma: Abys poznal Pravdu, musíš nejprve vidět nepravdu.

Tazatel: Je ego skutečně iluze?

Amma: Když ti to řeknu, přijmeš to?

Tazatel: No… když chceš…

Amma: (smíchy) Jestli chci? Otázka zní, zda ty chceš přijmout a slyšet Pravdu.

Tazatel: Ano, chci slyšet a uznat Pravdu.

Amma: Pak ta Pravda je Bůh.

Tazatel: To znamená, že ego není skutečné, je to tak?

Amma: Ego je neskutečné. Je to problém uvnitř tebe.

Tazatel: Takže všichni nosí svůj problém v sobě, nezávisle na tom, kam jdou.

Amma: Ano, z lidí se staly mobilní problémy.

Tazatel: A co teď?

Amma: Jestli si chceš posílit ego, pak se dej na osobní rozvoj a snaž se být silnějším. Pokud chceš Osobní rozvoj, pak hledej pomoc u Boha.

Tazatel: Spousta lidí se bojí, že o své ego přijdou. Myslí, že je pro světský život nepostradatelné.

Amma: Pokud opravdu chceš, aby ti Bůh pomohl najít tvé Skutečné Já, nemusíš se bát, že o ego – své malé já, přijdeš.

Tazatel: Posilováním ega však získáme světské věci – jedná se o přímé, okamžité zážitky. Ztracením ega naopak ty zkušenosti nejsou tak přímé a ani okamžité.

Amma: To je důvod, proč na cestě ke Skutečnému Já je nesmírně důležitá víra. Aby vše správně fungovalo a nastaly správné výsledky, musíš nastolit správný vztah a dotknout se správného zdroje. Co se týče spirituality, správné kontaktní místo a zdroj existují uvnitř vás. Dotkni se jich a ihned získáš přímou zkušenost.

Ego je jen malý plamen

Amma: Ego je velmi malý plamen, který může každou chvíli zhasnout.

Tazatel: Ammo, jak bys v této souvislosti ego popsala?

Amma: Vše, co získáš – jméno, slávu, peníze, moc, postavení – pohání jen malý plamen ega, který může kdykoli zhasnout. Dokonce i tělo a mysl jsou součástí ega; ve své podstatě jsou pomíjivé, a proto jsou i ony součástí toho bezvýznamného plamene.

Tazatel: Ano, ale pro normální lidskou bytost se jedná o důležité věci.

Amma: Samozřejmě, že jsou důležité. To však neznamená, že jsou trvalé. Nedůležité jsou proto, že jsou pomíjivé. Každým okamžikem o ně můžete přijít a čas vám je vezme bez předchozího varování. Užívat je a radovat se z nich, je v pořádku. Problém nastává, když je berete jako něco trvalého. Jinými slovy, uvědomte si, že jsou časově omezené a nebuďte na ně tolik pyšní.

Nejdůležitější věcí v životě je nastolení vnitřního vztahu s tím, co je trvalé a neměnné, s Bohem či naší Podstatou. Bůh představuje zdroj, skutečný střed lidského života a existence. Vše ostatní je na okraji. Skutečný osobní rozvoj nastane jen tehdy, když si vytvoříte vztah k Bohu; tedy ke skutečnému *bindu* (středu), nikoli k periferním věcem.

Tazatel: Získáme vůbec něco, když ten malý plamen ega vyhasne? Naopak to vypadá, že ztratíme svou individuální identitu.

Amma: Samozřejmě, vyhasnutím malého plamene ega ztratíš identitu své malé, omezené individuality. To je však naprosto nic proti tomu, co na základě této nepatrné ztráty získáš – slunce čisté moudrosti, neuhasitelné světlo. Dále, ztratíš-li svou identitu malého, omezeného já, sjednotíš se s tím největším, co existuje; s vesmírem, neomezeným vědomím. Aby tato zkušenost mohla nastat, potřebuješ neustálé vedení duchovního mistra (Satgurua).

Tazatel: Ztratit vlastní identitu. To zní nebezpečně.

Amma: Jedná se jen o ztrátu malého já. Naše Skutečné Já ztratit nelze. Nebezpečně to vypadá, protože jsi silně identifikován se svým egem. Čím větší ego, tím více se bojíš a jsi zranitelnější.

Zprávy

Novinář: Ammo, jaký je váš postoj k médiím a zpravodajství?

Amma: Jsou důležitá, pokud seriózně a pravdivě vykonávají svou funkci, k níž se zavázali. Jsou velkým přínosem pro celou společnost. Kdysi jsem slyšela příběh: Jednou vyslali pracovní skupinu mužů na celoroční brigádu v lese. K nim přiřadili i dvě ženy – kuchařky. Na konci pobytu se dva dělníci s těmito dvěma ženami oženili. Další den vyšly noviny s tučnými titulky. „Dvě procenta mužů si vzalo 100 procent žen!" *Novináře to pobavilo a srdečně se zasmál.*

Amma: Takové zprávy jsou v pořádku, jedná-li se o vtip; nikoli však o seriózní zpravodajství.

Čokoládový bonbon a třetí oko

J eden muž, který se snažil meditovat, najednou začal klimbat. *Amma po něm rychle hodila čokoládový bonbon a měla přesnou trefu. Bonbon ho trefil přímo do bodu mezi obočím. Muž ihned otevřel oči. S bonbonem v ruce se snažil zjistit, odkud sladkost přilétla. Při pohledu na jeho nejisté počínání se Amma hlasitě rozesmála. Jakmile muž zjistil, že bonbon po něm hodila Amma, celý se rozzářil a dotkl se ho čelem na znamení úcty. Pak se ale hlasitě rozesmál a zamířil k Ammě.*

Tazatel: Ten bonbon se mi trefil přímo mezi obočí, do duchovního centra. Možná pomůže, aby se mi otevřelo třetí oko.

Amma: Nepomůže.

Tazatel: Proč?

Amma: Protože jsi řekl možná; to znamená, že pochybuješ. Tvá víra není úplná. Jak se to může stát, když nemáš úplnou víru?

Tazatel: Říkáš tedy, že kdybych tomu věřil úplně, tak by se to stalo?

Amma: Ano, pokud máš úplnou víru, může realizace nastat kdykoli a kdekoli.

Tazatel: To myslíš vážně?

Amma: Samozřejmě.

Tazatel: Bože... ztratil jsem takovou příležitost!

Amma: Nedělej si starosti, dávej pozor a buď bdělý. Příležitosti zase přijdou. Snaž se a měj trpělivost.

Muž vypadal trochu zklamaně – otočil se, aby se vrátil na své místo. Amma ho poklepala po zádech.

Amma: Mimochodem, čemu ses tak hlasitě smál?

Po zaslechnutí otázky se muž opět rozesmál.

Tazatel: Jak jsem při meditaci usínal, zdál se mi krásný sen. Viděl jsem tě, jak jsi ve snaze mě probudit po mě hodila čokoládový bonbon. Najednou jsem se probudil a chvíli mi trvalo, než jsem pochopil, že jsi po mě ten bonbon skutečně hodila.

Spolu s mužem se Amma a všichni okolní sedící hlasitě rozesmáli.

Povaha osvícení

Tazatel: Ammo, existuje něco, co vás hodně těší nebo naopak trápí?

Amma: Vnější Amma se stará o to, aby se její děti měly dobře. Jako součást spirituálního tréninku se z nich občas hodně raduji nebo se kvůli nim zlobím. Vnitřní Amma však zůstává stále klidná a nedotčená, nalézající se ve stavu neustálého vnitřního klidu a blaženosti. Nic, co se děje kolem, se mě nijak nedotýká, protože to stále vnímám jako film.

Tazatel: Nejvyšší stav setrvávání se popisuje mnoha slovy. Například: neotřesitelný, nehybný, klidný, neměnný atd. To zní, jakoby se jednalo takřka o neživý stav. Můžete mi to, prosím, vysvětlit, abych to pochopil?

Amma: Uvedená slova se užívají k popisu vnitřního stavu odpoutanosti, schopnosti pozorovat a existovat jako svědek všeho – vzdálit se od všech životních situací.

Osvícení ale není neživým stavem, kdy ztratíte všechny vnitřní pocity. Osvícení je stav mysli, spirituální dosažení, ve kterém se můžete odtáhnout nebo ztotožnit s čímkoli si přejete. Když se dotknete nekonečného zdroje energie, vaše schopnost cítění a vyjadřování získá zvláštní nadpozemskou hloubku a krásu. Když si to osvícená bytost přeje, může vyjadřovat pocity, jak intenzivně se jí zachce.

173

Šrí Ráma plakal, když mu král démonů Rávana unesl Sítu, jeho manželku. Chodil po lese a se slzami v očích jako běžná lidská bytost se ptal každého zvířete a člověka, kam se poděla jeho žena – proč jej opustila. Když se Krišna po dlouhé době setkal se svým drahým přítelem Sudamou, dojetím měl v očích slzy. Stejné příběhy najdeme i v životech Krista či Buddhy. Osvícené bytosti jsou jako neomezený prostor a proto mohou reflektovat jakýkoli pocit. Oni nereagují, ale jen odráží.

Tazatel: Odráží?

Amma: Jako zrcadlo. Zcela spontánně se staví ke všem situacím. Když máte hlad a najíte se, jedná se o reflektování. Když vidíte jídlo a najíte se, to je již reakce. Jedná se o určitý druh nemoci. Osvícená bytost situaci reflektuje, tj. odráží, zůstává jí nedotčena a ihned přechází k situaci další.

Vyjadřováním pocitů a jejich upřímným sdílením s druhými se osvícená bytost stane neopakovatelnou a krásnou. Nejedná se o slabost – jedná se o způsob, jak soucítit a vyjádřit svou lásku způsobem, kterému lidé rozumí. Jak jinak by mohly běžné lidské bytosti jejich lásku a soucítění pochopit?

Pozorovatel

Tazatel: Co nám brání zažívat Boží přítomnost?

Amma: Pocit oddělenosti.

Tazatel: Jak jej odstranit?

Amma: Musíte být více pozorní, více bdělí.

Tazatel: Pozorní vůči čemu?

Amma: Pozorní vůči všemu, co se děje uvnitř i vně.

Tazatel: A jak tedy zvýšit onu pozornost?

Amma: Pozornost se zvýší, když pochopíte, že vše, co mysl projektuje, nemá žádný význam.

Tazatel: Písma říkají, že mysl je nehybná; vy říkáte, že mysl projektuje. To si protiřečí, jak může mysl něco projektovat, je-li nehybná?

Amma: Tak, jako si lidé, hlavně děti, projektují různé předměty na nekonečnou oblohu. Malé dítě pozorující oblohu si říká: „Podívej, tam jede kočár, a za ním je strašidlo. A teď, to je zářící obličej nějaké pohádkové bytosti!" atd. Jsou na obloze skutečně nějaké obrazy? Ne, existují jen v dětských představách. Ve skutečnosti se jedná o stále se měnící mraky. Obloha, nekonečný prostor, pouze je – veškerá jména a formy jsou jen projekcí.

Tazatel: Je-li ale mysl nehybná, jak může něco projektovat nebo překrýt Átmán?

Amma: I když to vypadá, že mysl pozoruje, tak skutečným pozorovatelem je Átmán. Získané sklony, které vytváří mysl, fungují jako brýle. Každý člověk nosí jinak zabarvené brýle. Na základě jejich zbarvení odpovídajícím způsobem vidíme a hodnotíme okolní svět. Za brýlemi však zůstává v roli pouhého svědka tichý Átmán, který vše osvětluje svou pouhou přítomností. My nesprávně zaměňujeme mysl za Átmán. Dejme tomu, že máme brýle s růžovými skly – celý svět vidíme růžově. Kdo je zde ten skutečný pozorovatel? „My" jsme ten, kdo vidí a brýle jsou nehybné, nemyslíte?

Když se postavíme za strom, nemůžeme vidět slunce. Znamená to, že strom dokáže slunce zakrýt? Nikoli, strom jen ukazuje omezení našich očí a pohledu.

Stejně je to s pocitem, že mysl překrývá Átmán.

Tazatel: Je-li Átmán naší Podstatou, proč musíme vyvinout úsilí, abychom jej poznali?

Amma: Lidé mají nesprávnou představu, že vše mohou dosáhnout pomocí úsilí. Úsilí je ve skutečnosti pýcha v nás. Na naší cestě k Bohu, veškeré úsilí, které pochází z ega, nevyhnutelně skončí porážkou. Tento proces je ve skutečnosti božím poselstvím; poselstvím, které mluví o důležitosti odevzdání a milosti. Díky němu nakonec poznáme, že naše úsilí, naše ego má omezenou kapacitu. V krátkosti řečeno – úsilí nás učí, že pouze pomocí úsilí nic nedosáhneme. Rozhodujícím faktorem je milost.

Ať se jedná o poznání Boha nebo dosažení světských cílů, milost představuje rozhodující faktor, který nás dovede k cíli.

Nevinnost je Boží energie

Tazatel: Není nevinný člověk slaboch?

Amma: „Nevinnost" je slovo, které se skoro všude vysvětluje nesprávně. Dokonce označuje i nereagující a ustrašené jedince. O nevědomých a nevzdělaných lidech se často říká, že jsou nevinní. Nevědomost není nevinnost. Nevědomost je nepřítomnost pravé lásky, rozlišování a moudrosti, zatímco skutečná nevinnost představuje čistou lásku ve spojení s rozlišováním a moudrostí. Je to boží energie (šakti). Ego má i ustrašený člověk. Skutečně nevinný člověk, je člověkem bez ega; proto je tím nejsilnějším jedincem.

Amma nemůže být jiná

Amma: (k přítomnému během daršanu) Na co myslíš?

Tazatel: Divím se, jak můžeš stále tak dlouho sedět, tolik hodin, s tak obrovskou trpělivostí a radostí.

Amma: (se smíchem): No a jak ty – jak můžeš neustále přemýšlet?

Tazatel: To se děje, nemohu být jiná.

Amma: No, pak to je odpověď: prostě se to děje, Amma nemůže být jiná.

Jako když uvidíte svou vyvolenou

Otázka týkající se počínání duchovního žáka na cestě oddanosti, ve vztahu milujícího a objektu jeho lásky.

Amma: Láska může nastat kdykoli. Je to jako když svou vyvolenou rozeznáte v davu. Vidíte ji stát v rohu a kolem ní tisíce jiných lidí, ale oči máte jen a jen pro ni. Rozeznáte ji, mluvíte s ní a zamilujete se, je to tak? Nepřemýšlíte – myšlení se zastaví – a vy se najednou, na několik okamžiků, ocitnete v srdci. Ponoříte se do lásky. Stejným způsobem je to na duchovní cestě, vše se odehraje ve zlomku sekundy. Ocitnete se ve středu svého srdce, kde existuje jen čistá láska.

Tazatel: Pokud je srdce skutečný střed lásky, co nás nutí k tomu, abychom se mu vzdalovali?

Amma: Touha vlastnit – jinými slovy připoutanost. Ta ničí krásu oné ryzí zkušenosti. Jakmile převládne připoutanost, upadáte v omyl a z lásky se stává utrpení.

Pocit oddělenosti

Tazatel: Ammo, dosáhnu samádhi (osvícení) ještě v tomto životě?

Amma: Proč ne?

Tazatel: Když ano, tak jak bych ten proces mohl urychlit?

Amma: V prvé řadě zapomeňte na samádhi, zcela se soustřeďte na svou duchovní praxi a kultivujte pevnou víru. Skutečný sádhak (duchovní aspirant) se zajímá více o přítomnost, než o to, co bude dál. Když začneme důvěřovat přítomnému okamžiku, veškerá naše energie bude teď a tady. Výsledkem bude odevzdání. Odevzdejte se přítomnému okamžiku a samádhi přijde.

Vše se děje spontánně jakmile se vzdálíte od své mysli. Když se to stane, zůstanete dokonale přítomen. Mysl představuje ve vás to „oddělení". Pocit oddělenosti je jejím výtvorem.

Povím vám jeden příběh. Kdysi žil jeden uznávaný architekt, který měl mnoho žáků. S jedním z nich měl velice zvláštní vztah. Nikdy nezačal s žádným projektem, dokud mu jej student neodsouhlasil. Když mu nekývl na nějaký nárys nebo náčrt, ihned s ním přestal. Architekt pokračoval v náčrtech tak dlouho, dokud se jeho žákovi nelíbily. Architektův vztah ke studentovi hraničil s obsesí – neustále vyžadoval mladíkovo hodnocení. Nikdy neučinil další krok, dokud mu žák neřekl, „jasně, je to dobré, pokračujte v tom."

Jednou se účastnili soutěže na výstavbu chrámových dveří. Architekt začal kreslit návrhy. Jako obvykle, každý ukázal nejprve svému žákovi, ale ten nesouhlasil ani s jediným. Architekt tedy pracoval dnem i nocí a vytvořil stovky návrhů – studentovi se ale nelíbilo nic. Čas ubíhal a zanedlouho již měli představit finální řešení. Jednoho dne poslal architekt svého žáka, aby mu naplnil pero inkoustem. To zabralo trochu času a architekt se mezitím pustil do dalšího modelu. V okamžik, kdy student vešel do ateliéru, architekt zrovna model dokončil. „Co tento?" ukázal mu jej. „Ano, to je přesně ono!" zvolal nadšeně žák.

„Teď už vím proč," odpověděl architekt. „Po celou dobu jsem se staral o tvé mínění a přítomnost. Proto jsem svou práci nikdy nedělal úplně spontánně. Až nyní, když jsi odešel, jsem se uvolnil a odevzdal přítomnému okamžiku. Tak se to stalo."

Problém ve skutečnosti nebyl v přítomnosti žáka, ale v architektově připoutanosti k jeho názorům. Jakmile se od nich dokázal vzdálit, najednou se ocitl v přítomnosti a vytvořil úžasné dílo.

Pokud myslíte, že samádhi je něco, co se stane v budoucnosti, tak sedíte a sníte. Sněním o samádhi ztrácíte množství energie (*šakti*). Využijte svou energii správně – koncentrací na přítomný okamžik – a meditace, samádhi přijde. Váš cíl neleží v budoucnosti, ale v přítomnosti. Samádhi a skutečná meditace je bytí v přítomném okamžiku.

Bůh je žena či muž?

Tazatel: Ammo, Bůh je muž nebo žena?

Amma: Bůh není ani on ani ona, omezenými definicemi Ho nelze popsat. Bůh je „To" nebo „Ono". Když si Ho však chcete určit jako muže či ženu, pak je lepší použít ženský rod; protože žena v sobě zahrnuje muže.

Tazatel: Taková odpověď se může dotknout mužů, protože staví výše ženy.

Amma: Vyzdvihovat nelze ani muže ani ženy, protože Bůh jim oběma určil stejně požehnané místo. Muži a ženy nejsou stvořeni proto, aby spolu soupeřili, ale aby svůj život navzájem doplnili.

Tazatel: Co myslíte tím „doplnili?"

Amma: Tím myslím se podporovat navzájem na cestě k dokonalosti.

Tazatel: Nemáte pocit, že mnoho mužů si myslí, že jsou ženám nadřazeni?

Amma: Ať se jedná o pocit „jsem nadřazený" nebo „jsem něco méně," oba jsou výtvorem ega. Pokud si muži myslí, že stojí výše než ženy, poukazují tím na své nafouknuté ego, které je jednak destruktivní a jednak představuje jejich největší slabinu. Když si ženy myslí, že jsou něco méně, dávají najevo, že nyní jsou sice podřízené, ale v budoucnu chtějí být nadřazené. To je také ego. U obou se jedná o nesprávný a nezdravý postoj, který jen zvětší vzdálenost mezi oběma pohlavími. Pokud nedokážeme tuto vzdálenost překročit – stejně respektovat a milovat muže i ženy – budoucí stav společnosti na to doplatí.

Spiritualita vytváří rovnováhu

Tazatel: Ammo, když jsi mluvila o tom, že Bůh je více ženou než mužem, asi jsi neměla na mysli vnější vzhled, že? Amma: Ne, o vnější vzhled se nejedná. Jedná se o vnitřní poznání. V každé ženě existuje vnitřní muž a naopak. Řekneme-li, že se v muži musí probudit žena, máme na mysli vlastnosti jako je skutečná láska a soucítění. Tak pochopíte hinduistický koncept Ardhanaríšvara (napůl žena, napůl muž). Pokud žena nerozvine svůj ženský aspekt, není matkou a je vzdálená od Boha. Jestli ženský aspekt v sobě probudí muž, pak je více matkou a blíže Bohu on. To lze samozřejmě aplikovat i na maskulinní vlastnosti. Účelem celé spirituality je vytvoření správné rovnováhy mezi mužským a ženským. Vnitřní rozvinutí vědomí je tedy mnohem důležitější než vnější vzhled.

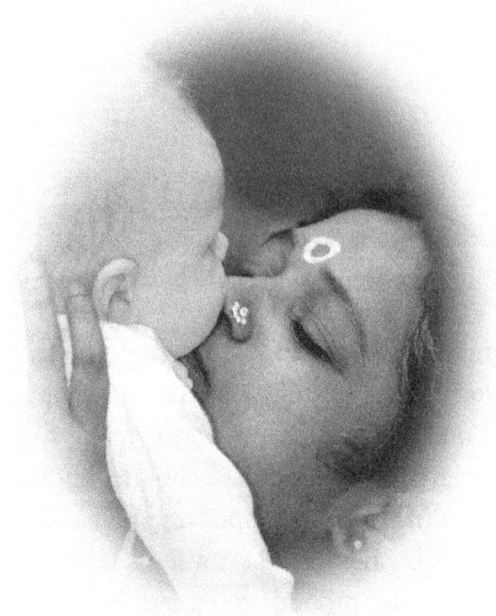

Připoutanost a láska

Muž středního věku popisoval, jak se špatně cítí po rozvodu.

Tazatel: Tolik jsem ji měl rád a dělal jsem všechno, jen aby byla šťastná. Přesto jsme se rozvedli. Občas se cítím úplně zničený. Pomozte mi, co bych měl dělat. Jak se mám své bolesti zbavit?

Amma: Vaše trápení a bolest chápu. Přenést se přes tak depresivní emocionální situaci je těžké. Je však důležité, abyste správně rozuměl, co se s vámi děje; především z toho důvodu, že vám nastalá situace blokuje životní energii.

Nejdůležitější je, abyste se zamyslel, zda váš smutek pochází ze skutečné lásky nebo z připoutanosti. Ve skutečné lásce

186

neexistuje sebedestruktivní bolest, protože vy jen milujete a nikoho nevlastníte. Buď jste příliš připoután, nebo příliš majetnický. To je pravý zdroj vašeho smutku a depresivních myšlenek.

Tazatel: Neznáte jednoduchou metodu či způsob, jak tuto sebezničující bolest překonat?

Amma: „Jsem opravdu zamilovaný nebo příliš připoutaný?" Položte si tuto otázku, jak nejupřímněji dovedete. Zamyslete se nad ní. Brzy zjistíte, že láska, kterou pociťujete, je ve skutečnosti připoutaností, nikoli opravdovou láskou. Proto říkám, že takový vztah je iluze. Podvádíme v ní sami sebe a připoutanost zaměňujeme za lásku. Láska existuje ve středu a připoutanost na okraji. Setrvávejte ve středu a okraj nechte být. Pak bolest zmizí.

Tazatel: Máte pravdu. Nyní vidím, že můj převažující vztah k bývalé ženě není láska, ale připoutanost.

Amma: Když jste si nyní uvědomil příčinu své bolesti, zbavte se jí. Nemoc jsme diagnostikovali, našli infikovanou část – a teď ji odstraňme. Proč chcete nosit zbytečný náklad? Odhoďte ho.

Jak překonat životní nebezpečí

Tazatel: Jak poznám, že mi v životě hrozí nebezpečí?

Amma: Zvýšením svých rozlišovacích schopností.

Tazatel: Rozlišování je to samé jako jemná mysl?

Amma: Je to schopnost mysli být v přítomnosti bdělý.

Tazatel: Jak mě to ale ochrání před budoucím nebezpečím?

Amma: Když budete v přítomnosti pozorný, předejdete se budoucím nebezpečím. Všechny budoucí problémy ale odstranit nelze.

Tazatel: Pomůže nám džótiš (Védská astrologie) lépe pochopit budoucnost a vyvarovat se tak možných problémů?

Amma: Obtížné životní období se nevyhýbají ani odborníkům na astrologii. Existují astrologové, kteří mají velmi slabou intuici i rozlišovací schopnost. Takoví lidé ohrožují svůj život i životy ostatních. Znalost astrologie nebo přečtení horoskopu problémy v životě neodstraní. Více klidu a méně problémů nastane, když hlouběji porozumíme životu a na různé situace aplikujeme své rozlišovací schopnosti.

Tazatel: Rozlišování a porozumění je to samé?

Amma: Ano, jedná se o to samé. Čím lepší rozlišování, tím více porozumění a naopak.

Čím více dokážete existovat v přítomnosti, tím pozornější budete a více toho pochopíte. Samo Božství vám vyjeví více poznatků. Budete je získávat každým okamžikem. Pokud budete otevření, ucítíte to.

Tazatel: Říkáte tedy, že tyto poznatky nám pomohou rozeznat budoucí nebezpečí?

Amma: Ano, z takových poznatků získáte náznaky a signály.

Tazatel: Jaké náznaky a signály?

Amma: Jak poznáte, že se blíží migréna? Cítíte se špatně a před očima se vám míhají černé kruhy, je to tak? Jakmile se ukážou první příznaky, vezmete si správný lék a ten vám pomůže. Stejně je tomu v případě životních nebezpečí, také se objeví určité signály. Lidé si jich ale většinou nevšímají. Pokud máte jasnou a receptivní mysl, ucítíte je a můžete podniknout patřičné kroky.

Slyšela jsem jeden vtip: Novinář dělal rozhovor s úspěšným obchodníkem. Reportér se zeptal, „můžete nám prozradit tajemství vašeho úspěchu?"

Obchodník: „Dvě slova."

Novinář: „Jak zní?"

Obchodník: „Správná rozhodnutí."

Novinář: „Jak děláte správná rozhodnutí?"

Obchodník: „Jedno slovo."

Novinář: „Jaké?"

Obchodník: „Zkušenost."

Novinář: „Jak získáváte takové zkušenosti?"

Obchodník: „Dvě slova."

Novinář: „Jaká?"

Obchodník: „Špatná rozhodnutí."

Vidíte, že vše závisí na tom, jak přijmete, pochopíte a smíříte se s nastalou situací.

Povím vám jeden příběh: Na pozvání krále Judhištiry navštívili Kuruovci Indrapraštu, královskou metropoli rodu Pánduovců[1]. Celé město bylo tak dokonale vybudováno, že některá místa vypadala jako nádherná jezera, ale ve skutečnosti se jednalo o normální zem. Jiná místa zase vypadala jako běžná zem, ale skrývaly se v nich prohlubně plné vody. Celé okolí mělo takřka surrealistický nádech. Když Durjódana, nejstarší z rodu Kuruovců, vedl všech sto bratrů přes rozkvetlou zahradu, všichni se začali vysvlékat, protože se před nimi ukázalo nádherné jezero. Ve skutečnosti to byla pouhá zem. Několik hodin před tím však všichni včetně Durjódany do skutečného jezera spadli a byli úplně mokří. Jezero vypadalo jako běžná tráva. Pančali, manželka pěti bratrů, se při pohledu na celou situaci dala do hlasitého smíchu. Durjódana a bratři se cítili velmi poníženi.

---

[1] Pánduovci a Kuruovci byly dva znepřátelené rody bojující v eposu Mahábháráta.

Jednalo se o jeden z klíčových incidentů, který u Kuruovců způsobil nenávist a touhu po pomstě - jakési podhoubí pro budoucí válku Mahábháráta a rozsáhlé pustošení. Z tohoto příběhu si vezměte ponaučení. Ve skutečném životě rovněž čelíme situacím, které vypadají nebezpečně a podnikáme proto množství bezpečnostních opatření. Nakonec se ale ukáže, že žádné nebezpečí nehrozilo. A z jiné situace, která vypadala zcela bezelstně, se vyvine značné nebezpečí. Nic není bez významu. Proto je velice důležité, abychom ve všech životních situacích kultivovali *šradhu* (ostré rozlišování, bdělost a pozornost).

Nehromaďte Boží majetek

Tazatel: Ammo, je získávání majetku a vlastnictví špatné?

Amma: Pokud máš soucítění, tak není. Jinými slovy, musíš být ochoten se o svůj majetek rozdělit s těmi, kteří nic nemají.

Tazatel: Jinak?

Amma: Jinak je to špatné.

Tazatel: Proč?

Amma: Protože vše, co existuje, patří Bohu. Naše vlastnictví je dočasné; přijde a odejde.

Tazatel: A Bůh nechce, abychom užívali to, co pro nás stvořil?

Amma: Samozřejmě, že chce. Nechce však, abychom to zneužívali. Bůh také chce, abychom při radování se z jeho darů používali své rozlišování.

Tazatel: Jaké rozlišování?

Amma: Rozlišování je schopnost používat moudrost takovým způsobem, aby nás nedostala do problémů. Ještě jinak: používání moudrosti jako metody k rozlišení mezi dharmou a adharmou (správným a nesprávným), trvalým a pomíjivým, se nazývá rozlišování.

Tazatel: Jak tedy pomocí rozlišování správně užívat běžné objekty?

Amma: Zřekněte se vlastnictví – veškeré věci vnímejte jako Boží majetek a radujte se z nich. Tento svět je jen dočasná zastávka. Jste tu na chvíli, na návštěvě. Na základě své nevědomosti vše dělíte, každý metr půdy, na moje a tvoje. Půdu, o které nyní tvrdíte, že je vaše, před vámi obhospodařovalo mnoho lidí. Bývalí majitelé teď leží na hřbitově. Dnes jste v roli majitele vy, ale nezapomeňte, že jednoho dne zmizíte také. Na vaše místo přijde jiný člověk. Jaký má pak smysl nárokovat si vlastnictví?

Tazatel: Jakou roli bych tedy měl zaujmout?

Amma: Pracuj pro Boha. Bůh, dárce všeho, chce, abys Jeho bohatství sdílel s ostatními. Je-li to Boží vůle, jak bys sis to mohl ponechat jen pro sebe? Pokud se proti Boží vůli odmítneš o majetek rozdělit, pak se jedná o hromadění, tzn. to samé jako krádež. Chovej se tak, jako bys zde byl pouze na návštěvě.

Jeden muž kdysi navštívil osvíceného mudrce a všiml si, že v domě nemá žádný nábytek ani žádné ozdoby. Přišlo mu to divné a zeptal se: „Proč zde nemáte nábytek?"

„Kdo jste?" zeptal se mudrc.

„Přišel jsem na návštěvu," odpověděl muž.

„Já také," odvětil mudrc. „Proč bych měl tedy stále něco hloupě hromadit?"

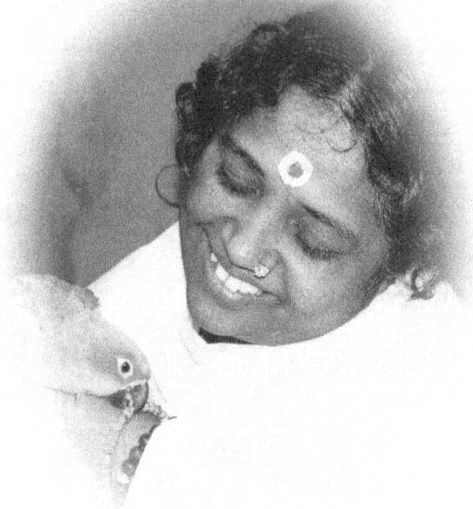

Amma a příroda

Tazatel: Ammo, jaký máš vztah k přírodě?

Amma: Můj vztah k přírodě není vztahem; jedná se o úplné sjednocení. Ten, kdo miluje Boha, miluje i přírodu, protože Bůh a příroda nejsou od sebe odděleni. Jakmile dosáhneš stavu osvícení, spojíš se s celým vesmírem. V mém vztahu k přírodě neexistuje ten, kdo miluje ani předmět jeho lásky – existuje jen láska. Neexistují dva; jen jedno. Existuje pouze láska.

V běžných vztazích chybí skutečná láska. V běžné lásce existují dva – nebo můžeme říci tři – ten, kdo miluje, předmět jeho lásky a láska. Ve skutečné lásce ten, kdo miluje i předmět jeho lásky zmizí a zůstává jen neustálé zakoušení čisté nepodmíněné lásky.

Tazatel: Co dává lidským bytostem příroda?

Amma: Příroda dává lidem život. Je částí a součástí naší existence. Jedná se o vzájemný vztah, který se odehrává každým okamžikem na všech úrovních. My jsme nejen zcela na přírodě závislí, ale ovlivňujeme ji a ona ovlivňuje nás. Když ji máme skutečně rádi, reaguje na nás a dává nám k dispozici své nekonečné možnosti. A stejně jako je to s láskou k druhému člověku, i v lásce k přírodě bychom měli být úplně věrní, trpěliví a plni soucítění.

Tazatel: Tento vztah je určitá výměna nebo vzájemná podpora?

Amma: Obojí a mnohem víc. Příroda ale bude existovat i bez lidských bytostí. Umí se o sebe postarat. Lidské bytosti však ke své existenci potřebují podporu přírody.

Tazatel: Co se stane, když výměna mezi přírodou a lidskými bytostmi dosáhne dokonalosti?

Amma: Přestane před námi cokoli skrývat. Otevře své neomezené zdroje přírodního bohatství a nechá nás, abychom se z nich radovali. Jako matka se o nás bude starat, chránit nás a živit.

Když mezi lidstvem a přírodou nastane dokonalý vztah, vytvoří se cirkulující energetické pole, ve kterém budou obě strany proudit jedna do druhé. Lze to říci i tak, že když se lidské bytosti zamilují do přírody, pak se i příroda zamiluje do nás.

Tazatel: Z jakého důvodu se lidské bytosti chovají k přírodě tak necitlivě? Je to sobectví nebo nedostatek moudrosti?"

Amma: Obojí. Ve skutečnosti se jedná o nedostatek moudrosti, který se manifestuje jako sobecká činnost.

Především jde o nevědomost. Díky nevědomosti si lidé myslí, že příroda je místem, ze kterého si mohou jen brát, aniž by mu něco dávali. Většina lidí zná pouze řeč vykořisťování. Díky svému extrémnímu sobectví neberou ohled na své bližní. V dnešním světě je náš vztah k přírodě symbolem vnějšího rozšiřování egoizmu, který cítíme uvnitř sebe.

Tazatel: Co to znamená, „brát ohled na své bližní?"

Amma: Soucítit s nimi. Abys to dokázal – soucítit s přírodou a ostatními – to nejdůležitější, co musíš udělat, je získat pevné vnitřní spojení, spojení s vlastním svědomím. Svědomí, ve svém nejniternějším významu, představuje schopnost vidět ostatní jako sebe sama. Jako se vidíš v zrcadle, tak vidíš ostatní jako sebe a odrážíš je; jejich pocity, štěstí i trápení. V našem vztahu k přírodě musíme postupovat stejně.

Tazatel: Původními obyvateli této země byli rodilí Američané. Uctívali přírodu a byli s ní pevně spojeni. To je to, co bychom měli dělat?

Amma: Co má člověk dělat, závisí na jeho mentální konstituci. Příroda je ale součástí života, součástí celku. Uctívat přírodu je stejné jako uctívat Boha.

Uctíváním hory Govardhana nám Krišna ukázal jednu důležitou věc: uctívání přírody by se mělo stát součástí každodenního života. Chtěl, aby lidé horu uctívali, protože je chránila. Stejně tak Ráma před postavením mostu přes moře; tři dny činil přísné pokání, aby si moře naklonil. Můžeme vidět, že i osvícené bytosti vyjadřují přírodě velký respekt, soucítění a před započetím nové činnosti ji žádají o požehnání. V Indii existují chrámy pro ptáky, zvířata, stromy, dokonce i pro ještěrky a jedovaté hady. Jedna se o snahu poukázat na nezpochybnitelnou důležitost vztahu mezi lidmi a přírodou.

Tazatel: Co se týče opětovného nastolení vztahu lidí a přírody, jaká je tvá rada?

Amma: Buďme ohleduplní a mějme soucit. Berme si z přírody jen to, co skutečně potřebujeme a snažme se to alespoň částečně vrátit. Získáme totiž, jen pokud budeme dávat. Požehnání je něco, co k nám přijde jako odpověď na něco, co děláme. Budeme-li k přírodě přistupovat s láskou a vnímat ji jako živý organizmus, jako Boha a součást naší existence, pak nám bude sloužit jako naše nejlepší přítelkyně. Vždy jí budeme moci důvěřovat a ona nás nikdy nepodvede. Bude-li náš přístup špatný, příroda neodpoví požehnáním, ale negativní reakcí. Pokud se k ní nebudeme chovat odpovídajícím způsobem, obrátí se proti lidskému pokolení a důsledky budou katastrofální.

Díky lidské bezohlednosti a sobectví vymizelo již spoustu krásných Božích stvoření. Budeme-li v tom pokračovat, budoucí katastrofa nás nemine.

Sanjása, vrchol lidské existence

Tazatel: Ammo, co znamená sanjása?

Amma: Sanjása znamená vrchol lidské existence. Je naplněním lidského života.

Tazatel: Je sanjása stavem mysli nebo něčím jiným?

Amma: Sanjása je stavem mysli a zároveň stavem „bez mysli".

Tazatel: Dokážeš tento stav… nebo co to vlastně je, popsat?

Amma: Je velmi obtížné popsat i běžné světské zkušenosti, jak bys chtěl popsat sanjásu, která představuje nejvyšší možnou podobu zkušenosti? Jedná se o stav, kdy máš absolutní svobodu vnitřního výběru.

Tazatel: Chápu, že mám mnoho otázek, ale co to znamená „vnitřní svoboda výběru"?

Amma: Lidské bytosti jsou otroci svých myšlenek. Mysl není nic jiného než neustálý myšlenkový tok. Tlak ze strany myšlenek z vás činí bezmocného svědka vnějších situací. V člověku existuje bezpočet hrubých i jemných myšlenek a pocitů. Většina lidí je nedokáže blíže nahlédnout a rozlišit dobré od špatných, a tvůrčí od destruktivních. Posléze se stává kořistí špatných impulsů a s negativními myšlenkami se ztotožní. V nejvyšším stavu sanjásy máte možnost si svobodně zvolit, zda se s určitým pocitem a myšlenkou plně ztotožníte nebo zůstanete nedotčeni. Můžete si vybrat, zda budete s konkrétní myšlenkou, pocitem či situací spolupracovat nebo nebudete. I když se rozhodnete pro ztotožnění, máte možnost se kdykoli vnitřně odpoutat a pokračovat dál. Tento stav je dokonalým stavem svobody.

Tazatel: Jaký je význam oranžového oblečení, které sanjásini nosí?

Amma: Poukazuje na vnitřní dosažení nebo cíl, který chcete dosáhnout. Rovněž to znamená, že světské cíle vás přestaly zajímat. Otevřené prohlášení, že jste svůj život věnovali Bohu a realizaci své Podstaty. Symbolicky znamená, že vaše tělo a mysl jsou stravovány ohněm odpoutanosti (vajrágja) a vy se již neztotožňujete s žádným národem, kastou, vyznáním, sektou nebo náboženstvím. Sanjása ale není jen o oranžovém oblečení.

Oblečení je pouhým symbolem, který poukazuje na stav bytosti – na stav transcendence. Sanjása představuje vnitřní změnu a vyjádření vašeho životního postoje. Stáváte se zcela nesobeckým, již nepatříte sobě, ale světu a váš život je zasvěcen službě ostatním. V tomto stavu nikdy nic od nikoho nečekáte a nežádáte. Ve stavu skutečné sanjásy se stáváte spíše přítomností než osobností.

Během obřadu, při kterém žák od mistra obdrží sanjásu, si žák ustřihne malý pramen vlasů, který do té chvíle nosil na zadní části hlavy a spolu s posvátnou šňůrou[2] jej hodí do obětního ohně. V symbolickém rituálu tak odevzdává veškerou připoutanost k tělu, mysli, intelektu a k požitkům ve všech světech.

U sanjásinů se předpokládá, že buď si nechají dlouhé vlasy, nebo se ostříhají dohola. Dříve si sanjásini nechávali dlouhé vlasy, které smotávali do dredů. Oba způsoby dávají najevo, že vás

---

[2] Posvátná šňůra, jadžnopavitam, se skládá ze tří pramenů a nosí se zavěšená přes hrudník. Symbolizuje odpovědnost k rodině, společnosti a Guruovi.

krášlení těla nezajímá, protože skutečná krása spočívá v poznání Átmánu. Tělo se mění, umírá. Proč se k němu zbytečně připoutávat, když vaše pravá Podstata je neměnné a nesmrtelné Já? Připoutanost k pomíjivému je zdroj veškeré bolesti a utrpení. Sanjásin je ten, který tuto velkou pravdu poznal – pomíjivou povahu vnějšího světa a neměnnou povahu vědomí, které svou krásou oblažuje vše.

Skutečnou sanjásu nelze předat, jedná se o poznání.

Tazatel: Znamená to, že se jedná o dosažení?

Amma: Ptáš se opět na to samé. Sanjása je kulminace veškeré přípravy, které se souhrnně říká sádhana (duchovní praxe).

Podívej, získat můžeme jen něco, co není naše, co není naší součástí. Stav sanjásy je fundamentálním stavem každého z nás, tj. tím, čím ve skutečnosti jsme. Než u nás nastane, můžete mu říkat třeba dosažení; jakmile se ale v nás probudí moudrost, pochopíme, že se jedná o naši pravou identitu, od které jsme nikdy nebyli odděleni – a nikdy nebudeme.

Schopnost poznat svou pravou identitu existuje v každém z nás. My se nyní nacházíme ve stavu zapomnění a potřebujeme někoho, kdo nám onu nekonečnou vnitřní sílu připomene.

Představte si například člověka, který se živí jako žebrák. Jednoho dne potká cizince, který mu řekne: „Vy, co tady děláte? Nejste ani žebrák ani žádný kočující cikán. Jste multimilionář."

Žebrák cizinci nevěří, zcela ho ignoruje a jde svou cestou. Cizinec se ale nevzdává. Z lásky žebráka dohoní a říká, „věřte mi; jsem váš přítel a chci vám pomoci. Co říkám, je pravda. Ve skutečnosti jste bohatý člověk a poklad, který vám patří, je velmi blízko."

Žebrák začne být zvědavý a zeptá se, kde tedy je, když má být tak blízko.

„Přímo v chatrči, kde bydlíte," odpoví cizinec. „Musíte jen chvíli kopat a poklad bude navždy váš." Žebrák nyní neváhá ani okamžik, rychle se vrátí domů a vykope poklad.

Cizinec je symbolem duchovního mistra, který nám poskytne správné rady a který nás přesvědčuje, přemlouvá a inspiruje, abychom vykopali cenný poklad, který je ukryt v nás. Žijeme ve stavu zapomnění a mistr nám pomáhá zjistit, kým ve skutečnosti jsme.

Je jen jedna Dharma

Tazatel: Ammo, existuje více než jedna dharma?

Amma: Ne, existuje jen jedna.

Tazatel: Lidé ale mluví o různých?

Amma: To proto, že nevidí jedinou skutečnost. Vidí jen mnohost, různá jména a formy. Samozřejmě, na základě jednotlivých *vásán* (tendencí) existuje více než jedna dharma, dalo by se říci. Hudebník může tvrdit, že jeho dharmou je hudba. Stejně obchodník – má pocit, že jeho dharmou je obchodování. To vše je v pořádku. V žádné z těchto „relativních" dharem ale nelze najít dokonalé naplnění. Spokojenost a úplné uspokojení najdeme jen ve skutečné dharmě. Můžeme dělat cokoli, ale dokud nebudeme spokojeni sami se sebou, klid nepřijde a my stále budeme mít pocit, že nám něco chybí. Toto prázdné místo v životě člověka nezaplní nic, žádný světský úspěch. Aby lidé získali dokonalé uspokojení, musí nalézt svůj vnitřní střed. To je skutečná dharma. Bez ní budou lidé jen chodit stále dokola a marně hledat radost a klid.

Tazatel: Pokud člověk poctivě následuje dharmu, získá tak materiální blahobyt i duchovní růst?

Amma: Ano, bude-li následovat dharmu v té nejryzejší podobě, určitě získá obojí.

Rávana, král démonů, měl dva bratry, Kumbhakarnu a Vibhíšhanu. Když Rávana unesl Sítu, manželku Boha Rámy, oba bratři jej opakovaně varovali před nešťastnými důsledky, které jeho čin přinese, a žádali, aby Sítu vrátil. Rávana je ale úplně ignoroval a nakonec vyhlásil Rámovi válku. Starší bratr Kumbhakarna si byl jasně vědom všech špatností svého bratra, ale díky své připoutanosti a afinitě k rase démonů s ním nakonec souhlasil. Ale Vibhíšana byl velmi čistá a oddaná duše. Nedokázal přijmout adharmické (nesprávné) chování svého bratra a ve snaze změnit jeho postoj dále vyjadřoval své obavy. Rávana ho však vůbec neposlouchal. Nakonec nedokázal své ego ovládat a vykázal svého nejmladšího bratra ze země. Vibhíšana našel útočiště u Rámy. V následné válce přišli Rávana i Kumbhakarna o život a Síta byla osvobozena. Než se Ráma vrátil do své rodné vlasti, země Ajódha, korunoval Vibhíšanu králem Lanky.

Vibhíšana byl jediným z bratrů, který dokázal nastolit rovnováhu mezi svou světskou a duchovní dharmou. Jak se mu to podařilo? Podařilo se mu to díky svému spirituálnímu pohledu, který si zachoval i při plnění světských povinností, nikoli naopak. Tento způsob vykonávání světských povinností vede k nejvyššímu naplnění. Ostatní bratři, Rávana a Kumbhakarna, ale neodložili světský pohled ani při vykonávání své duchovní dharmy.

Vibhíšana jednal nesobecky. Nežádal Rámu, aby ho korunoval králem. Chtěl být jen pevně zakotven v dharmě. Jeho dokonalé odevzdání a odhodlání přineslo ovoce – požehnání a Vibhíšana získal jak materiální tak duchovní štěstí.

Tazatel: To je krásný příběh. Ale skuteční duchovní hledající netouží po materiálním štěstí, je to tak?

Amma: Ne, jediná dharma upřímného duchovního žáka je osvícení. Takový člověk se nespokojí s ničím jiným než s touto zkušeností. Vše ostatní je pro něj podřadné.

Tazatel: Mám ještě jednu otázku. Myslíš si, že takoví Rávanové a Kumbhakarnové žijí i dnes? Pokud ano, jak Vibhíšanové mohou ve společnosti existovat?

Amma: (smíchy) Rávana i Kumbhakarna existují v každém z nás. Rozdíl je jen v intenzitě. Samozřejmě existují i lidé s výjimečně špatnými vlastnostmi. Veškerý současný chaos a konflikty jsou ve skutečnosti souhrnem všech takovýchto myslí. Praví Vibhíšanové ale přežijí, protože budou hledat útočiště u Rámy či Boha a ten jim pomůže.

Tazatel: Myslel jsem, že je to má poslední otázka, ale měl bych ještě další; tedy, pokud dovolíš...

Amma :(anglicky) ok, ptej se.

Tazatel: Co si o dnešních moderních Rávanech myslíš osobně?

Amma: Také jsou to moje děti.

Jednotná činnost jako Dharma

V dnešní *Kálijůze* (temném věku materializmu) můžeme pozorovat na celém světě všeobecnou tendenci lidí k vzájemnému odcizení. Lidé žijí jako oddělené ostrovy bez vnitřního kontaktu. Jedná se o nebezpečný fenomén, který zvyšuje okolní temnotu. Ať jde o vztah mezi lidmi, nebo o vztah člověka a přírody, onen kontakt, most může vytvořit jen láska. Síla dnešního světa spočívá ve sjednocené činnosti. V tomto období bychom ji měli považovat za jednu z nejdůležitějších *dharem* (povinností)."

Oddanost a pozornost

Tazatel: Jaká je souvislost mezi pozorností a oddaností?

Amma: Čistá oddanost je nepodmíněná láska. Nepodmíněná láska představuje odevzdání. Dokonalé odevzdání je schopnost být plně otevřený. Otevřenost či expanzivnost představuje pozornost. Tak vypadá život v Bohu.

Pomoc žákovi otevřít zavřené srdce

Tazatel: Svým věřícím a žákům říkáte, že duchovní učitel je na cestě k Bohu nepostradatelný; ale vy jste za svého Gurua považovala vše stvořené. Nemyslíte, že i ostatní mají stejnou možnost?

Amma: Samozřejmě, že mají. Na duchovní cestě ale možnosti většinou nefungují.

Tazatel: Ve vašem případě to ale fungovalo, že?

Amma: V mém případě se nejednalo o možnost. Bylo to dočista spontánní.

Podívejte, nikoho k ničemu nenutím. Ti, kteří dokážou vidět každou nepatrnou situaci, negativní i pozitivní, jako zprávu od Boha, vnějšího duchovního učitele nepotřebují. Kolik lidí má ale takovou sílu a odhodlání? Na cestu k Bohu nelze nikoho nutit. Nefunguje to. Naopak, naléhání může celý proces zničit. V tomto případě musí mít učitel s žákem maximální trpělivost. Stejně jako se poupě rozvíjí v krásnou vonící květinu, pomáhá učitel dokonale otevřít žákovo uzavřené srdce.

Žáci jsou nevědomí a učitel je osvícený. Žáci nic nevědí o učiteli ani o úrovni vědomí, ze které jedná. Na základě své nevědomosti se žák někdy může stát velice netrpělivý. S kritikou obrácenou vně může začít hledat chyby na učiteli. Jediné, co v tomto případě může žákovi pomoci, je nepodmíněná láska a soucítění dokonalého duchovního mistra.

Význam vděčnosti

Tazatel: Co to znamená být vděčný učiteli nebo Bohu?

Amma: Je to skromný, otevřený a oddaný postoj, který pomáhá získat Boží milost. Dokonalý učitel nemá co ztratit ani získat. Je dokonale zakotven v nejvyšším stavu odpoutanosti, a jste-li mu vděčný nebo nikoli, zůstává nedotčen. Vděčnost vám ale pomůže zůstat otevřený Boží milosti; jedná se o vnitřní postoj. Buďte Bohu vděční, protože to je nejlepší způsob, jak překonat omezené vidění světa vytvořené tělem a myslí a vstoupit do vnitřního světa bez hranic.

Síla za tělem

Tazatel: Duše mají oddělenou individuální existenci, liší se tedy nějak?

Amma: Liší se elektřina, která proudí v různých spotřebičích – fénech, ledničkách, televizích atd.?

Tazatel: Ne, ale duše po smrti – existují odděleně?

Amma: V závislosti na karmě (následky činů vykonaných v minulosti) a získaných vásánách (tendencích) mají zdánlivě oddělenou existenci.

Tazatel: Mají naše individuální duše touhy i v tomto stavu?

Amma: Ano, ale nemohou je naplnit. Jako člověk, který je úplně ochrnutý, nemůže vstát a vzít si co chce, tak i tyto duše nemohou uspokojit svá přání – protože nemají tělo.

Tazatel: Jak dlouho v tomto stavu zůstávají?

Amma: To závisí na síle jejich prárabdha karmy (momentální manifestaci následků minulých činů).

Tazatel: Když se vyčerpá, pak se stane co?

Amma: Opět se narodí a celý cyklus trvá tak dlouho než poznají, kým jsou.

Na základě své identifikace s tělem a myslí si myslíme, „já činím, já myslím", atd. Ve skutečnosti mysl ani tělo nemohou existovat bez přítomnosti *Átmánu* (naší Podstaty). Může stroj fungovat bez elektřiny? Elektrický proud je hybatelem, bez kterého je i obří stroj jen velká hromada železa či oceli. Nezávisle na tom čím nebo kým jsme, naše existence je závislá na Átmánu. Bez něj jsme jen kusem neživé hmoty. Zapomenout na Átmán a holdovat tělu je stejné jako ignorovat elektřinu a zamilovat se do neživého přístroje.

Zrození a smrt, dvě zásadní zkušenosti

Tazatel: Mohou si dokonalí duchovní učitelé vybrat čas a okolnosti svého zrození a smrti?

Amma: Čas a okolnosti zrození a smrti mohou ovládat jen dokonalé bytosti. Všichni ostatní jsou během těchto dvou životních zkušeností zcela bezmocní. Nikdo se vás nezeptá, kde se chcete narodit, čím a kým chcete být. Také nedostanete žádnou zprávu, ve které by se ptali, zda jste připraveni zemřít.

Člověk, který si neustále stěžoval na svůj malý byt i ten, kdo žil v luxusní vile – oba zůstanou tiše a spokojeně ležet v malé rakvi, když Átmán odejde. Člověk, který nemohl ani vteřinu existovat bez klimatizace, nebude mít vůbec žádný problém, když bude jeho tělo hořet na pohřební hranici. Proč? Protože nyní není nic jiného než mrtvá hmota.

Tazatel: Smrt je strach nahánějící zkušenost, že?

Amma: Nahání strach těm, kteří svůj život prožijí v plném ztotožnění s egem, aniž by vůbec pomysleli na skutečnost, která existuje za myslí a tělem.

Soucítění s druhými

J eden věřící člověk si přál slyšet nekomplikované, snadno pochopitelné a krátké vysvětlení toho, co znamená spiritualita. Amma odpověděla: „Spiritualita je soucítění s druhými." „Super," reagoval muž a chystal se odejít. Amma ho náhle chytla za ruku, „Posaďte se na chvilku."

Muž tedy poslechl. Amma, která jednou rukou objímala člověka, který právě dostával daršan, se k muži naklonila s otázkou: „Story?" zeptala se anglicky.

Muž byl trochu zmatený. „Chcete, abych vyprávěl nějaký příběh?"

Amma se smíchem odpověděla, „ne, ale jestli vy chcete slyšet příběh?"

Muž se zájmem souhlasil: „Samozřejmě, že bych chtěl slyšet váš příběh. Mám takové štěstí."

Amma začala vyprávět:

„Kdysi žil jednou jeden muž, kterému, když zrovna spal, vlétla do pusy moucha. Od té doby měl muž stále pocit, že v něm moucha žije.

Jeho představy o mouše byly stále živější a ubohý muž se stále více strachoval. Jeho strach posléze přešel v intenzivní trápení a depresi. Nemohl jíst ani spát. V životě neměl z ničeho radost. Všechny jeho myšlenky se zaobíraly mouchou. Dokonce ho lidé mohli vidět, jak ji honí z jedné části těla do jiné.

Navštívil množství lékařů, psychologů, psychiatrů a jiných specialistů, aby ho mouchy zbavili, ale od každého slyšel to samé:

„Podívejte, jste v pořádku. Žádná moucha ve vás není. I kdyby se do vás dostala, už dávno by zemřela. Netrapte se, nic vám není." Muž jim však nevěřil a stále se trápil. Jeden den ho jeho dobrý přítel vzal k duchovnímu mistrovi. Ten velmi pozorně vyslechl mužův příběh, provedl vyšetření a řekl: „Máte pravdu. Uvnitř vás ta moucha stále žije. Vidím ji, jak se hýbe."

Dívaje se do mužových otevřených úst, mistr zvolal: „Bože, to snad ani není pravda. Během uplynulých měsíců se strašně zvětšila!"

V okamžiku, kdy mistr pronesl tato slova, se muž otočil ke svému příteli a k manželce: „Vidíte, tamti blázni nic nevěděli. Tenhle člověk mi rozumí. Během chvilky mouchu uviděl."

Mistr pokračoval: „Vůbec se nehýbejte. I ten sebenepatrnější pohyb může celou léčbu zkazit." Poté celého muže přikryl od hlavy až k patě silnou dekou. „Tím to urychlíme. Chci, aby celé tělo i jeho vnitřek byly ve tmě. Moucha pak nebude nic vidět. Proto ani neotvírejte oči."

Muž získal k mistrovi takovou důvěru, že byl ochoten udělat úplně cokoli, co mu mistr říkal.

„Teď se uvolněte a buďte potichu." Řekl mu mistr a odešel do jiné místnosti. Potřeboval někde chytit živou mouchu. Nakonec se mu to podařilo a schoval ji do láhve.

Přišel zpět do pokoje a začal se citlivě dotýkat pacientova těla. Přitom neustále komentoval, kde se moucha právě nalézá. „Ano, je přesně zde; nehýbejte se. Právě vám sedí v žaludku… teď, než jsem mohl něco udělat, vylétla a sedla si na plíce. Skoro jsem ji měl… Ale ne, zase mi ulétla… Je strašně rychlá! Zase je v žaludku… víte, co, zkusím teď opakovat mantru, která mouchu znehybní."

Pak mistr předstíral, že mouchu chytá a tahá z mužova žaludku. Za několik vteřin pacienta požádal, aby otevřel oči a odstranil přikrývku. Když se tak stalo, ukázal mu láhev, do které mouchu chytil.

Mužova radost neznala mezí. Štěstím začal tančit. „Vidíš," řekl své ženě, „Stokrát jsem ti říkal, že mám pravdu a všichni ti psychiatři jsou hloupí. Teď si to s nimi vyříkám. Všechny své peníze chci zpátky."

Ve skutečnosti žádná moucha neexistovala. Jediný rozdíl byl v tom, že mistr s mužem soucítil; druzí nikoli. Říkali pravdu, ale nepomohli mu. Mistr muže podpořil, sympatizoval s ním a vyjádřil své porozumění a skutečný soucit. Tímto mu dokázal pomoci a zbavit jej jeho slabosti.

Osvícený mistr tomu člověku hluboce rozuměl, chápal jeho trápení i mentální stav, a proto sestoupil na jeho úroveň. Ostatní naopak zůstali na své úrovni chápání a s mužem nedokázali soucítit.

Amma se odmlčela. „Podívejte," pokračovala za chvíli, „to je celý proces duchovní realizace. Mistr bere žákovu mouchu nevědomosti – ego – za existující. Svým soucítěním s žákem i s jeho nevědomostí si získá žákovu plnou důvěru a spolupráci. Bez žákovy spolupráce mistr nemůže dělat nic. Skutečně zvídavý žák ale nebude mít se spoluprací s učitelem žádný problém. Skutečný učitel, než začne žákovi pomáhat s probuzením ke skutečnosti, nejprve plně přijme žáka i jeho slabosti. Pravá práce duchovního mistra spočívá v tom, že žák se pod jeho vedením také stane mistrem všech situací."

Lůno lásky

Tazatel: Nedávno jsem v jedné knize četl, že všichni máme duchovní lůno. Něco takového existuje?

Amma: Jedná se jen o symbol. Žádný fyzický orgán, který bys mohl vidět a nazvat jako „duchovní lůno" neexistuje. Možná to znamená receptivitu, kterou bychom měli vytvářet, abychom cítili uvnitř sebe lásku. Bůh daroval každé ženě lůno, kde může nosit, živit a nakonec porodit dítě. Podobným způsobem bychom měli v sobě vytvořit prostor, kde by se mohla formovat a růst láska. Meditace, modlitba a zpěv – to vše lásku živí; časem naše láska jako dítě vyroste a přesáhne všechna omezení. Čistá láska je šakti (energie) ve své nejčistší podobě.

Jsou duchovní lidé zvláštní?

Tazatel: Ammo, myslíte si, že duchovní lidé jsou něčím zvláštní?

Amma: Ne.

Tazatel: Ne?

Amma: Spiritualita znamená vést normální život v souladu s naší vnitřní Podstatou. Není na tom nic zvláštního.

Tazatel: Chcete říci, že jedině spirituálně orientovaní lidé žijí normálním životem?

Amma: To že jsem řekla?

Tazatel: Přímo ne, ale z vašeho tvrzení by se to dalo odvodit, ne?

Amma: To je ale vaše interpretace mých slov.

Tazatel: Dobře, co si tedy myslíte o většině lidí žijících ve světě?

Amma: Ne o většině, copak my nežijeme ve světě?

Tazatel: Prosím…

Amma: Dokud žijeme ve světě, jsme světští lidé. To, co z vás dělá spirituálně orientovaného člověka, je způsob, jakým se díváte na život a jeho zkušenosti, zatímco ve světě žijete. Podívejte, každý si myslí, že žije normálně. Jestli žije normálně nebo ne, to záleží na každém člověku jednotlivě – aby to náležitě prozkoumal. Také bychom měli pochopit, že spiritualita není nic neobvyklého nebo mimořádného. Spiritualita neučí stát se zvláštním, ale stát se skromným. Také je dobré pochopit, že lidský život je sám o sobě něco velice jedinečného.

Jen chvilkové zastavení

Tazatel: Ammo, proč je v duchovním životě tak důležitá odpoutanost?

Amma: Nejen duchovní aspiranti, ale všichni, kteří chtějí zvýšit svůj potenciál a mentální klid musí kultivovat odpoutanost. Odpoutání znamená, že se stáváte svědkem (sakši) všech životních situací.

Připoutanost je charakterizována zatěžováním mysli a odpoutanost znamená opak. Čím zatíženější mysl, tím větší psychický tlak a tím větší touha po uvolnění. V dnešním světě čelí lidská mysl stále intenzivnějšímu tlaku ze strany negativních myšlenek. Tento stav přirozeně vyvolá velké úsilí a upřímnou snahu po mentálním zklidnění – odpoutanosti.

Tazatel: Opravdu bych si přál pěstovat odpoutanost, ale mé přesvědčení stále kolísá.

Amma: Přesvědčení přichází jen na základě pozornosti. Čím jste pozornější, tím silnější bude vaše přesvědčení. Uvědomte si, že tento svět je jen dočasné zastavení, které trvá trochu déle. My všichni cestujeme a toto je jen další místo naší návštěvy. V autobuse či ve vlaku můžete potkat mnoho spolucestujících; zapovídáte se s nimi, vyměníte si životní názory a zkušenosti, může se stát, že se vám někdo zalíbí a trochu se připoutáte. Nakonec však každý vystoupí v jiné stanici. Když se tedy s někým setkáte nebo někde usadíte, mějte na paměti, že i vy budete muset jednoho dne odejít. Vaše uvědomění spolu s pozitivním přístupem vám tak bude ukazovat cestu ve všech životních situacích.

Tazatel: Říkáte, že člověk má pěstovat odpoutanost a zároveň žít ve světě?

Amma: (s úsměvem) Kde jinde byste chtěl pěstovat odpoutanost, když ne ve světě? Po smrti? Kultivování odpoutanosti je ve skutečnosti jediný způsob, jak překonat strach ze smrti. Zaručí vám zcela bezbolestné a blažené umírání.

Tazatel: Jak je to možné?

Amma: Protože jste-li odpoután, zůstáváte svědkem i při zkušenosti umírání. Odpoutanost je správný postoj. Správný způsob vnímání. Když budeme sledovat film a ztotožníme se s jeho hrdiny, které později budeme v životě napodobovat, má to nějaký smysl? Sledujte film s vědomím, že se jedná jen o film; pak si jej budete moci užít. Pravá cesta ke klidu je spirituální myšlení a spirituální způsob života. V řece se nebudete koupat věčně; koupete se, abyste se umyl, osvěžil a vylezl na břeh. Pokud vás zajímá duchovní cesta, berte svůj rodinný život jako způsob, jak vyčerpat své vásány (tendence). Jinými slovy, uvědomte si, že rodinný život není od toho, abyste se do něj ještě více zapletl, ale slouží k vyčerpání všech příslušných vásán a následnému osvobození od pout činnosti. Vaším cílem je vyčerpání negativních vásán, nikoli hromadění nových.

Co slyší mysl

Tazatel: Ammo, jak byste definovala „mysl"?

Amma: Je to nástroj, který nikdy neslyší, co se říká, ale jen to, co slyšet chce. Řeknete jednu věc a mysl slyší něco jiného. Poté přijde na řadu série stříhání, editace a kompletování – a výsledný produkt je hotov. Při tomto procesu mysl něco z originálu odstraní, něco přidá, pak přijde na řadu vlastní interpretace a její dolaďování – dokud nejsme spokojeni. Potom vás přesvědčí, že se jedná o to, co vám bylo řečeno.

Do ašramu pravidelně přichází s rodiči jeden malý chlapec. Jeho matka mi prozradila, co se stalo u nich doma. Chlapec měl psát ve škole písemku a termín se blížil; proto jej rodiče nutili, aby se učil. Chlapce to však nezajímalo, raději si hrál venku nebo seděl u televize. Došlo až na hádku, kdy chlapec prohlásil: „Mami, copak jsi neslyšela, jak Amma ve svých projevech neustále zdůrazňuje život v přítomném okamžiku? Pochop konečně, že trápit se kvůli písemkám nemá smysl; oni mají teprve přijít. V tomto okamžiku mám na práci úplně jiné věci." To chlapec slyšel.

Láska a nebojácnost

O tom, jak láska překoná veškerý strach, vyprávěla Amma následující příběh.

Amma: Kdysi dávno žil v Indii jeden král, který bydlel na opevněném hradě na vrcholu hory. Na hrad docházela každý den jedna žena, aby zde prodávala mléko. Přicházela kolem šesté hodiny ráno a před šestou večer odcházela. Přesně v šest hodin se brána hradu zavřela a z pevnosti se nikdo nedostal ven, až příští den ráno.

Každé ráno, když stráže otevřely obrovská železná vrata, čekala již žena, na hlavě nesoucí nádobu s mlékem, aby mohla vejít. Jednoho večera se trochu opozdila, a když přišla k bráně, právě ji stráže zavřely. Doma měla malého chlapce, který na ni každý den čekal. Žena prosila stráže, aby ji pustily. Se slzami v očích si klekla na zem a vyprávěla, jak se její dítě může najíst a usnout, jen když bude s ním. Když nepřijde, propláče celou noc a bude matku hledat. Stráže však byly neoblomné a nechtěly porušit královský rozkaz.

Žena zoufale chodila po pevnosti a hledala způsob, jak se dostat ven. Nemohla vydržet pomyšlení, jak její dítě úzkostlivě pláče. Okolí hradu bylo nehostinné; strmá skála přecházející v trnité keře a jedovaté liány. Po setmění se v ženě ozýval stále intenzivněji mateřský pud a ta se rozhodla dostat se za svým dítětem stůj co stůj. Obcházela hrad a hledala místo, odkud by bylo možné slézt po skále dolů a nějak se dostat do vesnice. Nakonec našla cestu, která vypadala ve srovnání s jinými méně strmá a bezpečnější.

Nádobu s mlékem schovala mezi keře a opatrně začala lézt dolů. Mnohokrát spadla, odřela se a krvácela. Myšlenka na syna ji ale vedla stále dál, žádné překážky nebyly pro ni dost velké. Nakonec se jí podařilo slézt a šťastně běžela domů.

Příští ráno, když stráže otevřely bránu, nechápaly, že žena, kterou včera odmítly pustit ven, opět stojí před vraty.

„Jestliže se i obyčejná prodavačka mléka dokáže dostat z nedobytné pevnosti, pak zde musí být cesta, kudy mohou proniknout a zaútočit nepřátelé," napadlo je. „Situace je vážná." Ženu okamžitě zatkly a přivedly před krále.

Král měl pověst velmi moudrého a citlivého vládce. Pro svou inteligenci, udatnost a velkorysost se těšil velké oblibě ze strany poddaných. Ženu přijal velmi důstojně. Na znamení pozdravu sepnul ruce a zeptal se: „Matko, jestli mé stráže mluví pravdu a vy jste včera večer skutečně z hradu uprchla, byla byste tak laskava a ukázala mi místo, odkud je možné slézt dolů?"

Žena vedla krále, ministry a stráže k místu, odkud lezla dolů. V křoví ukázala na nádobu s včerejším mlékem. Při pohledu na strmý sráz se král obrátil k ženě, „byla byste tak hodná a ukázala nám, jak jste se dostala dolů?"

Děvečka pohlédla na příkrou stěnu a strachy se jí udělalo nevolno. „Ne, nemůžu!"

„Jak jste to dokázala včera?" zeptal se král.

„Nevím," odvětila žena.

„Ale já vím," reagoval na to král. „Vaše láska k dítěti vám dala sílu a odvahu překonat nemožné."

Ve skutečné lásce se člověk dostane za tělo, mysl a veškerý strach. Síla čisté lásky je nekonečná. Taková láska zahrnuje a proniká vše a vy v ní zažíváte sjednocení s vlastní Podstatou. Nikdo neříká „dýchám jen, když je se mnou má žena, děti, rodiče a přátelé. V přítomnosti svých nepřátel a všech, kdo mě nenávidí, dýchat nebudu." Pokud by to šlo, nemohl byste žít. Stejně je to s láskou. Láska je přítomnost, za všemi rozdíly; existuje všude. Je to naše životní síla.

Čistá a upřímná láska dokáže vše. Je-li vaše srdce naplněno energií čisté lásky, i nejobtížnější úkoly jsou tak snadné, jako utrhnout květinu.

Proč existují války?

Tazatel: Ammo, proč je na světě tolik válek a násilí?

Amma: Kvůli nedostatku porozumění.

Tazatel: Co znamená nedostatek porozumění?

Amma: Nepřítomnost soucitu.

Tazatel: Porozumění a soucit spolu souvisí?

Amma: Když se objeví pravé porozumění, naučíte se jasně vnímat situaci druhého člověka a přehlížet jeho chyby. Z toho vzniká láska. Jakmile se objeví láska, dostaví se i soucit.

Tazatel: Slyšel jsem, že jsi říkala, že příčinou válek a konfliktů je ego.

Amma: To je pravda. Nezralé ego a nedostatek porozumění je skoro to samé. Užíváme množství slov, ale v základě znamenají totéž. Když lidé ztratí kontakt se svou vnitřní Podstatou a silně se ztotožní s egem, výsledkem jsou války a násilí. Dnešní svět je toho příkladem.

Tazatel: Myslíš, že lidé přikládají vnějšímu světu příliš velkou důležitost?

Amma: Civilizace (vnější blahobyt a rozvoj) a samskára (kultivace vznešených myšlenek a vlastností) se musí vyvíjet společně. Co však vidíme v naší společnosti? Všeobecnou degradaci duchovních hodnot, je to tak? Válka a konflikty představují nejnižší úroveň existence, samskára naopak nejvyšší.

Stav dnešní společnosti lze nejlépe vystihnout na následujícím příkladu. Představte si velmi úzkou ulici. Dvě protijedoucí auta prudce zastaví. Jedno z nich musí uvolnit cestu, jinak auta neprojedou. Oba řidiči ale zatvrzele čekají a nehodlají couvnout ani o milimetr. Situaci lze vyřešit jen tak, že jeden z řidičů dokáže ustoupit a couvne. Pak se cesta uvolní pro oba. Ustoupivší řidič bude mít navíc radost, že de facto pomohl druhému dojet na místo určení.

Čím ti můžeme udělat radost?

Tazatel: Jak ti mohu pomáhat?

Amma: Nesobecky pomáhej druhým.

Tazatel: A čím ti mohu udělat radost?

Amma: Pomáhej druhým, aby měli radost. Tak uděláš radost mně.

Tazatel: Chceš po mě něco?

Amma: Ano, chci, abys byl šťastný.

Tazatel: Jsi moc krásná.

Amma: Krása je i v tobě. Musíš ji jen najít.

Tazatel: Mám tě moc rád.

Amma: Ve skutečnosti ty a já nejsme dva. Jsme jedním. Existuje zde jen láska.

Skutečný problém

Tazatel: Říkáte, že existuje jen jednota. Já ale vidím jen různé věci. Proč?

Amma: Vidět věci odděleně či jednotlivě není problém. Skutečným problémem je, že na pozadí různých objektů nevnímáme jejich jednotu. To je neporozumění, které nás omezuje. Váš pohled na svět a dění kolem potřebuje opravit; poté se vše automaticky změní.

Jako potřebujeme odbornou korekci, když nám slábnou oči – a vidíme např. dvojitě – tak musíme přizpůsobit i své vnitřní oko, tj. následovat instrukce toho, kdo je pevně zakotven ve stavu Jednoty – duchovního mistra.

Se světem není nic špatně

Tazatel: Co se se světem děje? Situace nevypadá dobře. Můžeme ji nějak změnit?

Amma: Se světem se nic špatného neděje. Problémy jsou s lidskou myslí – s egem. Problémy ve světě jsou výsledkem nekontrolovaného egoizmu. Trocha porozumění a soucitu dokáže dělat zázraky. Světu vládne egoizmus. Lidé jsou bezmocnými svědky ega. Citlivých jedinců, kteří umí soucítit, najdete málo. Najděte svou harmonii, dokonalou píseň lásky a života uvnitř sebe. Pomáhejte těm, kdo trpí. O potřeby druhých se starejte více než sami o sebe. Ve jménu lásky a pomoci druhým se ale nesmíte zamilovat do svého egoizmu. Ego si ponechte, ale pevně jej i svou mysl ovládejte. Snažte se chápat situaci každého člověka, protože soucítění je cestou k Bohu a vaší Podstatě.

Proč začít s duchovní Cestou?

Tazatel: Ammo, proč by se měl člověk rozhodnout pro duchovní cestu?

Amma: To je jako když se semínko ptá, „proč mám jít pod zem, klíčit a růst?"

Kontrola duchovní energie

Tazatel: Někteří lidé se při provádění duchovních cvičení zbláznili. Proč se to stalo?

Amma: Duchovní cvičení připravují vaše omezené tělo a mysl, aby mohlo přijmout univerzální energii (šakti). Otevírají kanály pro vyšší vědomí. Jinak řečeno, pracují přímo s čistou energií. Pokud nejste pozorní, mohou způsobit psychické a fyzické problémy. Světlo nám umožňuje vidět, ale je-li příliš silné, můžeme si poškodit zrak. Šakti či blaženost nám velmi pomáhají; pokud ji však neumíme správně použít, může být nebezpečná. Skutečnou pomoc v této oblasti vám může poskytnout jen dokonalý duchovní učitel (Satguru).

Stížnost a soucit malého dítěte

Z a Ammou přiběhl malý chlapec a ukázal na svou dlaň. „Co se stalo?" zeptala se Amma anglicky a dala chlapci pusu. Ten se otočil a ukázal: „Tam…"

Amma: (anglicky) Tam? Co je tam?

Chlapec: Táta…

Amma: (anglicky) Táta, co je s ním?

Chlapec: (ukázal na svou dlaň) Táta sedí tam.

Amma: (vzala chlapce do náruče) Amma tátu zavolá.

Chlapcův otec vyprávěl, že si dnes ráno omylem sednul na jeho ruku. Stalo se to doma a dítě se to snažilo vysvětlit. Chlapec stále seděl Ammě na klíně. „Podívej, teď tátu potrestáme, ano?" Dítě kývlo a Amma předstírala, že otce bije; ten zase dělal, že pláče. Najednou chytlo dítě Ammu za ruku: „Dost." Amma dítě pevně objala a všichni se rozesmáli.

Amma: Všimněte si, má svého tátu rád. Nechce, aby mu nikdo ubližoval.

Tak, jako toto malé dítě, které přiběhlo a bez váhání otevřelo své srdce, tak byste se měli chovat k Bohu. Otevřít mu své srdce. Samozřejmě, že potrestání táty byla legrace. Pro chlapce to však bylo skutečné a nechtěl, aby jeho otec cítil bolest. Stejným způsobem se dívejte na utrpení druhých a kultivujte soucítění.

Probudit spícího žáka

Tazatel: Ammo, jak mistr pomáhá žákovi překročit ego?

Amma: Vytváří vhodné situace. To, co ale ve skutečnosti žákovi pomáhá, je učitelův soucit.

Tazatel: Co tedy žákovi pomáhá. Situace nebo mistrovo soucítění?

Amma: Vzniklé situace jsou výsledkem mistrova nekonečného soucítění.

Tazatel: Je na těch situacích něco zvláštního nebo se jedná o běžné situace?

Amma: Jedná se o běžné situace. Jsou však svým způsobem i jedinečné, protože představují určitý druh požehnání, pomocí kterého duchovní mistr usnadňuje žákovi cestu.

Tazatel: Během procesu odstraňování egoizmu, nevzniká někdy mezi mistrem a žákem konflikt?

Amma: Mysl bude bojovat a protestovat, protože chce pokračovat ve spánku a snění; nechce, aby ji někdo rušil. Skutečný učitel však spánek žáka ruší. Jeho jediným zájmem je žáka probudit. Zde vidíme jasný střet zájmů. Žák, který učitele miluje a plně mu důvěřuje, překoná tento vnitřní konflikt pomocí rozlišování.

Mistr a poslušnost

Tazatel: Ammo, vede dokonalá poslušnost vůči Guruovi k zániku žákova ega?

Amma: Ano. V Kathopanišadě je Satguru (dokonalý mistr) symbolizován jako Jáma, Bůh smrti. Na duchovní cestě představuje Guru smrt žákova ega. Ta může nastat jen s Guruovou pomocí.

Poslušnost ke Guruovi je dána láskou, kterou žák k mistrovi cítí. Mistrovo sebeobětování a soucítění žáka silně inspiruje. Chování mistra v žákovi vyvolá spontánní touhu se otevřít a poslouchat jej.

Tazatel: Konfrontace se smrtí ega vyžaduje výjimečnou odvahu, je to tak?

Amma: Samozřejmě, proto to dokáže jen málo lidí. Dovolit egu, aby zemřelo, je jako byste klepal na dveře smrti. Načiketas, mladý duchovní adept v Kathopanišadě, toho byl schopen. Pokud máte odvahu a rozhodnete se zaklepat, zjistíte, že smrt neexistuje. Protože i smrt, smrt ega, je jen iluze.

Horizont je zde

Tazatel: Kde je schovaná Boží Podstata?

Amma: To je stejné, jako bys ses ptal, „kde jsem schovaný já?" Nejsi nikde schovaný; žiješ uvnitř sebe. Stejně i Boží Podstata. Existuje v tobě i vně.

Stojíme-li na břehu, pak se nám může zdát, že oceán a horizont se v jednom bodě stýkají. Pokud by na tom místě byl ostrov, měli bychom pocit, že stromy sahají až do nebe. Když se tam ale dostaneme, náš domnělý styčný bod se vzdálí na jiné místo. Kde tedy ve skutečnosti obzor leží? Obzor leží přímo zde; tam, kde nyní stojíme, je to tak? To, co hledáte, je také přímo zde. Dokud ale budete hypnotizován svým tělem a myslí, bude to velmi daleko.

237

Co se týče Nejvyšší Skutečnosti, počínáte si jako žebrák. Potkáte duchovního učitele a on vám řekne: „Podívejte, vlastníte celý vesmír. Dejte pryč svou žebrací misku a hledejte bohatství uvnitř sebe."

Vaše nevědomost o realitě ale způsobí, že tvrdohlavě opakujete: „To je hloupost. Jsem žebrák a do konce svého života musím žebrat. Nechte mě, prosím, být." Skutečný učitel vás ale nenechá. Tak dlouho vás bude přesvědčovat, dokud mu neuvěříte a nezačnete hledat.

Krátce shrnuto – duchovní mistr nám pomůže uvědomit si žebrácký stav naší mysli, donutí nás odhodit žebráckou misku a pomůže nám stát se pánem celého vesmíru.

Víra a růženec

Během programu Devi Bhava v kalifornském San Ramonu jsem se právě chystal zpívat bhadžany, když ke mně přistoupila žena se slzami v očích.

„Ztratila jsem něco, co je pro mě velice vzácné," řekla a skutečně vypadala zdrceně.

„Usnula jsem nahoře na balkoně a v rukou držela růženec mé babičky. Když jsem se vzbudila, byl pryč. Někdo ho musel vzít. Co budu teď dělat? Byla to jedna z mých nejcennějších věcí," začala žena naříkat.

„Ptala jste se ve „Ztrátách a nálezech"?"

„Ano," odpověděla, „ale nic tam nebylo."

„Prosím, přestaňte naříkat. Vyhlásíme mikrofonem, že pokud růženec někdo našel nebo omylem vzal, ať ho vrátí – že je pro vás velmi vzácný."

Cestou ke zvukovému systému se žena ozvala: „Jak se to mohlo stát na Devi Bhava, když jsem přišla za Ammou na daršan?"

Na její slova jsem reagoval úplně spontánně, „podívejte," řekl jsem. „Nedávala jste pozor, a proto jste růženec ztratila. Když je vám tak vzácný, proč jste si jej nechala v ruce? Dnes v noci jsou zde různé typy lidí, Amma neodmítne nikoho. Každý má možnost sem přijít a zapojit se do programu. Měla jste to vědět a dávat na růženec větší pozor. Vy ale hledáte chybu u Ammy a nevidíte, že sama jste byla nepozorná."

Žena si ale nedala říct. „Má víra v Ammu skoro zmizela."

„Měla jste vůbec nějakou víru, aby vám mohla zmizet? Jestli jste měla skutečnou víru, pak vám zmizet nemohla," odpověděl jsem.

Žena už neřekla nic. Přivedl jsem ji tedy ke zvukaři, aby vyhlásil oznámení.

Za několik hodin, když jsem dozpíval, jsem ženu potkal u východu. Čekala na mě. Řekla, že růženec našla; někdo ho prý viděl ležet na balkoně, myslel si, že je to dárek od Ammy a vzal si ho. Když pak uslyšel oznámení, šel ho vrátit.

„Děkuji vám za pomoc," zmínila žena.

„Poděkujte Ammě, že má s vámi tolik soucitu a nechtěla, abyste ztratila svou víru," odpověděl jsem.

„Jsou tady různí lidé, to teď víte. Jedno mají ale společné; všichni mají rádi Ammu. Kdyby to bylo jinak, už byste růženec neviděla."

Rozloučil jsem se a odešel.

Láska a odevzdání

Tazatel: Ammo, jak se liší láska a odevzdání?

Amma: Láska je podmíněná. Odevzdání je nepodmíněné.

Tazatel: Co to znamená?

Amma: V lásce je milující a jeho milovaný objekt, žák a učitel, věřící a Bůh. Ale v odevzdání ti dva zmizí. Existuje jen učitel. Existuje jen Bůh.

Pozornost a bdělost

Tazatel: Pozornost je totéž co šradha (láska a víra)?

Amma: Ano, čím větší je šradha, tím pozornější budete. Nedostatek pozornosti vytváří na cestě k nejvyšší svobodě překážky. Můžeme to přirovnat k řízení v mlze. Nic nevidíte jasně; je to nebezpečné, protože každou chvíli můžete dostat smyk. Na druhé straně činnost, kterou provádíme s pozorností, nám pomáhá poznat naši vrozenou Boží Podstatu. Každým okamžikem vidíme jasněji.

Víra vše zjednodušuje

Tazatel: Proč je tak obtížné dosáhnout realizace?

Amma: Ve skutečnosti je realizace snadná, protože Átmán (naše Podstata) je nám bližší než cokoli jiného. Mysl vše ztěžuje.

Tazatel: Velcí mistři a písma ale říkají něco jiného. Prostředky a metody jsou dost přísné.

Amma: Písma i velcí mistři se to vždy snažili zjednodušit. Stále opakují, že Bůh, nebo Átmán je vaše Skutečná Podstata a proto není daleko. Je to vaše pravá tvář, vaše pravé já. Abyste tu pravdu ale dokázal žít, musíte mít víru. Nedostatek víry dělá cestu obtížnou, ale když víru máte, je to snadné. Řekněte dítěti: „Jsi král," a během chvíle se s novou rolí ztotožní a začne se jako král chovat. Dospělí takovou víru nemají, proto je to tak těžké.

Koncentrace na Cíl

Tazatel: Jak lze zlepšit duchovní cestu?

Amma: Upřímnou duchovní praxí (sádhana) a soustředěním na Cíl. Vždy mějte na paměti, že žijete na světě proto, abyste dosáhli duchovního cíle. Svůj život a myšlení si musíte upravit tak, aby vám na duchovní cestě pomáhali.

Tazatel: Soustředění na Cíl a odpoutanost je jedno a to samé?

Amma: Když se někdo soustředí na cíl duchovní cesty, pak odpoutanost přijde automaticky. Když například jedete do jiného města, kde máte důležité jednání, vaše mysl se bude stále soustředit na místo určení. Cestou můžete vidět krásný park, jezero, restauraci, žongléra s patnácti míčky... bude vás to zajímat a vystoupíte? Ne. Přirozeně se odpoutáte a v mysli budete mít jen vaši cílovou stanici. Když se skutečně soustředíme na Cíl, odpoutanost přijde automaticky.

Činnost a překážky

Tazatel: Ammo, někteří lidé si myslí, že činnost vytváří překážky na duchovní cestě a proto je lepší se jí vyvarovat. Je to správné?

Amma: To patrně prohlásil někdo hodně líný. Karma (činnost) sama o sobě není nebezpečná. Když vám ale chybí soucit a pracujete pouze pro sebe a uspokojení svých nižších potřeb, pak nebezpečná je. Představte si lékaře; během operace musí být velice pozorný a nesmí mu chybět ani soucit. Pokud by přemýšlel o problémech, které má doma, jeho pozornost poleví a ohrozí život pacienta. Taková činnost představuje adharmu (nesprávnou činnost). Dobrý pocit ze správně provedeného zákroku, pokud je dobře nasměrován, mu však pomůže zvýšit psychický potenciál. Jinými slovy, pokud svou činnost založíme na pozornosti a soucitu, pak urychlí naši duchovní cestu. Nepozorná činnost bez soucítění je ale nebezpečná.

Jak zvýšit rozlišování

Tazatel: Ammo, jak zvýšit rozlišování?

Amma: Kontemplativní činností.

Tazatel: Rozlišující mysl je totéž co zralá mysl?

Amma: Ano, spirituálně zralá mysl.

Tazatel: Má taková mysl větší schopnosti?

Amma: Má větší schopnosti a chápání.

Tazatel: Chápání čeho?

Amma: Chápání všeho; každé situace a zkušenosti.

Tazatel: To znamená i negativních a bolestivých situací?

Amma: Ano, i těch. I bolestivá situace, pokud jí hlouběji porozumíte, má na váš život pozitivní dopad. Pod povrchem všech zkušeností, dobrých i špatných, se skrývá duchovní moudrost. Když vnímáte vše zvenčí, jedná se o materializmus a vnímání všeho zevnitř, je spiritualita.

Poslední krok

Tazatel: Ammo, existuje místo v životě duchovního žáka, kdy musí jen čekat?

Amma: Ano. Když prováděl dlouhou dobu duchovní praxi a vynaložil na ni veškeré své úsilí, dostane se do bodu, kdy musí s celou sádhanou (duchovní praxí) přestat a trpělivě čekat, až nastane realizace.

Tazatel: Může dotyčný žák v ten moment něco sám dělat?

Amma: Nemůže. Jedná se o klíčový okamžik, kdy sádhak potřebuje velkou pomoc.

Tazatel: Guru mu ji poskytne, že?

Amma: V onen okamžik je guruova milost to jediné, co žákovi může pomoci. Žák nyní potřebuje velikou trpělivost. Udělal totiž již vše, co udělat mohl; vynaložil veškeré úsilí a nyní je bezmocný. Neví, jak udělat poslední krok. Může se stát, že žák se zmýlí a obrátí se zpět k běžným věcem. Uvěří totiž tomu, že žádná realizace neexistuje. V tomto případě jen mistrova přítomnost a milost pomůže žákovi pokračovat.

Nejšťastnější chvíle v mém životě

Tazatel: Ammo, jaký je nejšťastnější okamžik tvého života?

Amma: Každý okamžik.

Tazatel: A to je?

Amma: Tím chci říci, že jsem stále šťastná, protože co se mě týče, existuje všude jen čistá láska.

Amma se na nějakou dobu odmlčela a daršan pokračoval dál. Jeden muž přinesl k požehnání obraz bohyně Kálí tančící na prsou Šivy. Amma obraz ukázala muži, který jí pokládal otázky.

Amma: Podívejte na ten obraz. Kálí sice vypadá zlověstně, ale ve skutečnosti má velkou radost. Víte proč? Právě totiž setnula hlavu - ego, svému milovanému žákovi. Hlava je považována za sídlo ega. Kálí oslavuje onen vzácný okamžik, kdy žák úplně transcendoval své ego. Další duše, která dlouho tápala v temnotě, se osvobodila z pout iluze (mája).

Když žák dosáhne osvobození, dochází k probuzení a vzestupu *kundalini šakti* (duchovní energie) celého stvoření. Od onoho okamžiku vidí žák vše jako Boha. Nastává začátek nekonečného oslavování. Proto Kálí samou blažeností tančí.

Tazatel: Znamená to, že pro vás je nejšťastnější chvíle, když vaši žáci dokážou překročit své ego?

Ammě se na tváři ukázal blažený úsměv.

Největší dar, jaký Amma může dát

Na daršan přišel starší muž v pokročilém stádiu rakoviny. Muž si byl vědom toho, že brzy zemře. „Děkuji vám. Ještě jednou děkuji moc za vše, co jste pro mne udělala. V mém bolestivém životním období jste mi ukazovala, kudy jít a darovala mi mnoho čisté lásky. Bez vás bych zemřel mnohem dříve. Zůstaňte mi vždy nablízku," řekl muž a položil si ruku Ammy na srdce.

Poté si zakryl rukama obličej a rozplakal se. Amma muže objala a mohli jsme vidět, že i ona pláče. Poté se mu hluboce zadívala do očí. Dotyčný přestal naříkat a dokonce vypadal vesele, jakoby se mu vrátila síla.

„Dostal jsem tolik lásky, že už nejsem smutný. Jediné, co mně trápí je otázka, zda s vámi zůstanu i po smrti. Proto jsem naříkal. Jinak jsem v pořádku."

„Nedělejte si starosti. Slibuji vám, že navždy zůstanete se mnou." odpověděla Amma a věnovala muži laskavý pohled.

Tvář muže se po jejích slovech rozzářila intenzivní radostí. Vypadal velice klidně. Když odcházel, Amma, stále se slzami v očích, ho tiše pozorovala.

Láska vše oživuje

Tazatel: Ammo, pokud vědomí prostupuje vším, mají i neživé předměty vědomí?

Amma: Mají takové vědomí, které nedokážete cítit či pochopit.

Tazatel: Jak to můžeme pochopit?

Amma: Pomocí čisté lásky. Láska činí vše vědomým a vše oživuje.

Tazatel: Mám lásku, ale nevidím vše jako živoucí a vědomé.

Amma: To znamená, že s tvojí láskou není něco v pořádku.

Tazatel: Láska je láska. Jak může být s láskou něco v nepořádku?

Amma: Pravá láska je schopnost, která nám pomáhá vnímat ve všem život a životní sílu. Pokud ti to tvá láska neumožní, pak se nejedná o skutečnou lásku. Je to láska založená na iluzi.

Tazatel: To je ale těžké pochopit a praktikovat, nemyslíš?

Amma: Ne, nemyslím.

Žena, která kladla otázky, se odmlčela a vypadala poněkud zmateně.

Amma: Není to tak těžké, jak myslíš. Ve skutečnosti to dělá každý. Akorát si toho není vědom.

V tu chvíli přinesla jedna paní v náručí kočku – chtěla, aby dostala požehnání. Amma vzala zvíře do náruče a pohladila. Pak mu rozetřela na čelo malé množství santalové pasty a dala čokoládový bonbon.

Amma: Kočka nebo kocour?

Tazatel: Kočka.

Amma: Jak se jmenuje?

Tazatel: Růženka… (velice ustaraně). Minulé dva dny jí nebylo dobře. Prosím, dejte jí požehnání, ať se brzy uzdraví. Je to má věrná přítelkyně a společnice.

Majitelce kočky se objevily v očích slzy. Amma dala zvířeti trochu svatého popela a žena šťastně odešla.

Amma: Pro tu paní se nejedná jen o nějakou kočku; její kočka je mimořádná. Má k ní vztah skoro jako k člověku. Je přesvědčena, že její „Růženka" má vlastní individualitu. Proč? Protože má svou kočku moc ráda a silně se s ní identifikuje. Stejně si počínají lidé na celém světě. Dávají jména svým psům, kočkám, papouškům a někdy i stromům. Jakmile dají zvířeti, ptáku či rostlině jméno a vytvoří si k nim osobní vztah, propůjčí jim individualitu, která je v očích majitele odlišuje od ostatní druhových příbuzných. Stávají se něčím vyšším než pouhým zvířetem. Člověk se s nimi ztotožní a daruje jim tak nový život. Všimněte si malých dětí. Panenka je pro ně živoucí a vědomý předmět. Mluví k ní, krmí ji a usínají s ní. Kdo dává panence život? Láska dítěte, že? Láska dokáže i pouhou věc proměnit ve vědomý předmět.

A nyní, řekněte Ammě, je takováto láska obtížná?

Velká lekce v odpuštění

Tazatel: Ammo, je něco, co bys mi chtěla říci? Nějaká konkrétní rada pro mé současné životní období?

Amma: (s úsměvem) Buď trpělivý.

Tazatel: To je vše?

Amma: To je hodně.

Muž se otočil a chystal se odejít, „A také odpouštěj." Po oněch slovech se muž otočil: „Mluvíš ke mně?"

Amma: Ano, k tobě.

Muž se vrátil zpět.

Tazatel: Jsem si jistý, že mi chceš něco naznačit; v minulosti tomu tak vždy bylo. Prosím, řekni mi, co máš přesně na mysli.

Amma pokračovala v daršanu a muž čekal. Nějakou chvíli bylo ticho.

Amma: Musí být něco, situace nebo událost, která ti náhle vyvstala v mysli. Jinak bys tak rychle nereagoval, když jsem řekla „odpouštěj". Na má slova o trpělivosti jsi tak nereagoval, jen jsi je přijal a chystal se odejít. Něco tě tedy hodně trápí, je to tak?

Po zaslechnutí odpovědi muž chvíli tiše seděl s hluboce sklopenou hlavou. Najednou si zakryl rukama obličej a začal naříkat. Amma se na to nemohla dívat, muže pohladila a utřela mu slzy.

Amma: Netrap se, jsem s tebou.

Tazatel: (se vzlykáním) Máš pravdu. Nedokážu odpustit svému synovi. Celý minulý rok jsem s ním nepromluvil. Způsobil mi bolest a jsem na něj naštvaný. Pomož mi, prosím.

Amma: (se soucitným pohledem) Rozumím ti.

Tazatel: Asi před rokem přišel domů úplně zfetovaný. Když jsem mu vynadal, začal se chovat agresivně, křičel, házel nádobím a ničil věci. Došla mi trpělivost a vyhodil jsem ho z domu. Od té doby jsem ho neviděl ani s ním nemluvil.

Muž vypadal zničeně.

Amma: Vidím do tvého srdce. V takové situaci by došla trpělivost každému. Nemusíš mít žádný pocit viny. Pro tebe je však důležité, abys mu odpustil.

Tazatel: Rád bych, ale nedokážu odpustit a pokračovat dál. Kdykoli mé srdce mluví o odpuštění, mysl to zpochybní. „Proč bys mu měl odpustit? Udělal chybu, tak ať toho lituje a prosí od odpuštění tebe."

Amma: V tom případě svou mysl nikdy neposlouchej. Mysl nedokáže vyřešit ani vyléčit žádnou podobnou situaci. Naopak ji zhorší a tebe uvede ve zmatek.

Tazatel: Co bys mi poradila?

Amma: Asi to nebudeš chtít slyšet, ale vím, co může celý problém mezi tebou a tvým synem zdárně vyřešit. Měj víru a věci se postupně zlepší.

Tazatel: Prosím, dej mi nějakou radu. Budu se snažit, co nejlépe, abych to udělal.

Amma: Co se stalo, stalo se. Nejprve si to uvědom a smiř se s tím. Pak si všimni, že za vědomou příčinou oné události byl i podvědomý aspekt. Tvá mysl je nekompromisní a ze všeho obviňuje tvého syna. Dobře. Co se týče onoho incidentu, je to jeho vina. Ale...

Tazatel: (s úzkostí v hlase) Nedokončila jsi, co jsi chtěla říci.

Amma: Zeptám se tě tedy takto. Choval ses ke svým rodičům vždy s úctou a hezky, zejména ke svému otci?

Tazatel: (poněkud zmateně) K mé matce ano, máme spolu velmi hezký vztah... ale k otci, tam to nebylo dobré.

Amma: Proč?

Tazatel: Protože byl moc přísný a nedokázal jsem se chovat, jak nařizoval.

Amma: Takže nastaly situace, kdy jsi byl na něj hrubý a zranil jeho city, mám pravdu?

Tazatel: Ano.

Amma: To znamená, že tvé chování k otci se ti nyní vrací v podobě syna, jeho slov a chování.

Tazatel: Věřím ti.

Amma: Netrpěl jsi dost kvůli svému špatnému vztahu k otci?

Tazatel: Trpěl.

Amma: Odpustil jsi mu někdy a vztah obnovil?

Tazatel: Ano, ale jen až několik dnů před jeho smrtí.

Amma: Chceš, aby tvůj syn zažíval stejné trápení, které ničí i tebe?

Muž propukl v pláč a sklonil hlavu: „Ne... nikdy."

Amma jej objala: „Tak svému synovi odpusť, protože to je způsob, jak najít klid a lásku."

Muž se posadil vedle Ammy a dlouho meditoval. Když odcházel, poznamenal: „Cítím se nyní mnohem lépe, konečně jsem si oddechl. Svého syna navštívím co nejdřív. Děkuji ti. Moc děkuji."

Daršan

Tazatel: Ammo, co mají lidé dělat, aby tvůj daršan cítili co nejvíce?

Amma: Jak intenzivněji vnímat krásu a vůni květiny? Musíš se plně otevřít. Co když máš ucpaný nos? Pak nic neucítíš. Stejné je to s daršanem. Pokud tvá mysl bude plná kritických a neústupných myšlenek, nic neucítíš.

Vědec se na květinu dívá jako na předmět svého výzkumu, pro básníka je zdrojem inspirace. Co hudebník? Ten bude o květině zpívat. Fytoterapeut ji pokládá za účinný léčebný prostředek, pro zvíře či hmyz se jedná o potravu. Nikdo z nich nevidí květinu jako květinu; jako celek. I lidé jsou rozdílní. Každého přijímám stejně – všem dávám stejnou příležitost, stejnou lásku, stejný daršan. Nemůžu odmítnout nikoho, protože všechny beru jako své děti. Každý člověk však vnímá jinak, proto se každý daršan liší. Daršan je k dispozici stále – jako když si představíte nekonečný proud. Ty ho musíš pouze přijmout. Pokud se alespoň na vteřinu dokážeš plně odpoutat od své mysli, zažiješ daršan v celé své kráse.

Tazatel: V tomto ohledu, každý dostane tvůj daršan?

Amma: To závisí na tom, jak se vnitřně otevře. Čím je člověk otevřenější, tím intenzivněji ucítí daršan. I když nezažije daršan v jeho plnosti, tak každý dostane minimálně náznak.

Tazatel: Náznak čeho?

Amma: Náznak toho, kým ve skutečnosti je.

Tazatel: Znamená to, že ucítí náznak toho, kým jsi ve skutečnosti i ty?

Amma: Skutečnost uvnitř mně i uvnitř tebe je stejná.

Tazatel: Co to je?

Amma: Blažené ticho lásky.

Nemyslím, ale věřím

Novinář: Z jakého důvodu žijete na této zemi?

Amma: Z jakého důvodu žijete vy na této zemi?

Novinář: Dal jsem si životní cíle a myslím, že zde žiji proto, abych je naplnil.

Amma: Já zde také žiji proto, abych naplnila určité cíle, které jsou důležité pro společnost. Ale na rozdíl od vás, nejen že myslím, že se cíle naplní, ale mám plnou víru, že se tak stane.

Aum Tat Sat

www.ingramcontent.com/pod-product-compliance
Lightning Source LLC
LaVergne TN
LVHW051543080426
835510LV00020B/2840